스타사피엔스 - 별처럼 살아가는 사람들

스타사피엔스
- 별처럼 살아가는 사람들

초판 1쇄 발행 2025년 8월 15일

지은이 명재승
펴낸이 장현수
펴낸곳 메이킹북스
출판등록 제 2019-000010호

디자인 홍규선
편집 홍규선
교정 안지은
마케팅 김소형

주소 서울특별시 구로구 경인로 661, 핀포인트타워 912-914호
전화 02-2135-5086
팩스 02-2135-5087
이메일 making_books@naver.com
홈페이지 www.makingbooks.co.kr

ISBN 979-11-6791-753-9(03810)
값 20,000원

ⓒ 명재승 2025 Printed in Korea

잘못된 책은 구입하신 곳에서 바꾸어 드립니다.
이 책의 전부 또는 일부 내용을 재사용하려면 사전에 저작권자와 펴낸곳의 동의를 받아야 합니다.

메이킹북스는 저자님의 소중한 투고 원고를 기다립니다.
출간에 대한 관심이 있으신 분은 making_books@naver.com 으로 보내 주세요.

스타 사피엔스

별처럼 살아가는 사람들

명재승

메이킹북스

목차

프롤로그 — 7
땅 위에서 별을 보다

서장 — 17
인류 진화의 끝에서 다시 빛나기 시작한 존재,
스타사피엔스

1장 — 27
우리는 왜 별이 되어야 하는가
삶과 주거, 존재의 철학에 대한 고찰

2장 — 49
정신은 빛의 궤도다 – 스타사피엔스의 7가지 정신
공생 · 책임 · 진심 · 도전 · 희망 · 지속 · 배려

3장 — 81
도시 위의 별들
도시와 인간, 공간과 공생의 철학적 해석

4장 ──────────────────────────── 103
나의 길을 걷는 별들
자율성과 정체성, 진로에 대한 감성적 에세이

5장 ──────────────────────────── 129
미래를 설계하는 스타사피엔스
스마트도시 · 생태주거 · 인간 중심 기술의 철학

6장 ──────────────────────────── 155
과거의 별들과 미래의 별들에게
시대와 세대를 연결하는 감동의 별자리

7장 ──────────────────────────── 179
아직 이름 붙이지 못한 별들에게
포스트모던 시대, 존재와 가능성을 품은 문학적 사유

에필로그 ──────────────────────── 203
우리 모두 별이었음을 기억하며
*삶과 사람, 정치와 기억,
그리고 다음 이야기를 향해 나아가는 별빛 회고록*

《땅 위의 별》

별은 하늘에만 있는 것이 아니다
그건 오래된 착각이었다
정류장에서 고개 숙인 어머니의 손끝에
야근을 마치고 돌아가는 청년의 눈동자에
잠든 아이 곁에 숨죽인 기도의 흔들림 속에
나는 별을 본다
네가 나를 위해 묵묵히 감당한 하루,
그 하루가 빛이 되었다는 걸
우리는 너무 늦게 깨닫는다
하늘 위를 쳐다보느라
가장 가까운 별을 놓친 날들이
이제야 가슴을 찌른다
별은
손 닿지 않는 곳에 있지 않다
그건 늘 우리가 밟고 있던 이 땅 위에 있었다
그리고 지금,
그 별들이 이름 없이 빛나고 있다

프롤로그

땅 위에서 별을 보다

별은 처음부터 하늘에 있었던 걸까?
그 질문은 언젠가 내 안에서 태어났다.
태어난 것이 아니라, 원래부터 있었던 생각이 나를 발견한 것 같았다.
그러니 시작은 나조차 알 수 없다.
모든 시작은 늘 그런 식이다.
먼저 말 건 쪽이 누구인지
기억나지 않는 대화처럼.

별.
그 단어는 너무 익숙해서 낯설다.
너무 높아서 내려다보는 법조차 배우지 못한 사람들.
그 사람들에게 나는 묻고 싶었다.
"당신은 별을 본 적이 있습니까?"
아니,
"당신은… 자신을 본 적이 있습니까?"

이 문장은 하나의 입구다.
혹은 출구일 수도 있다.
독자인 당신은 지금 이 페이지를 넘기며
나와 함께 별을 보러 가기로 선택한 셈이다.
책이란 그런 것이다.
우연을 가장한 동의.

별은 땅 위에 있다.
지하철 첫차에 몸을 실은 청년의 눈동자,
야간 편의점 계산대 너머 졸린 목소리,
저녁 9시, 마트 앞에 앉아 있는 붕어빵 노점의 온기 속.
그건 '빛'이라 부르기엔 너무 조용하지만 '어둠'이라 하기엔 분명히 따뜻한 무언가다.

나에게 '별'은 신화가 아니다.
천문학도 아니다.
별은 말이다.
당신이 살아내는 방식의 또 다른 이름이다.

"이 책은 어디서 시작되었나요?"
누군가 묻는다면,
나는 아마 이렇게 대답할 것이다.

"불 꺼진 방 안,
창문에 맺힌 이슬 한 방울.
그 안에 비친 내 얼굴을 보고 시작되었다."

별은 기록되지 않은 사람들에게서 시작된다.
학위가 없는 이름,
호명되지 않는 얼굴,
이야기가 되지 못한 일상들.

그 모든 것들이 이 책의 주인공이다.

나는 어느 날 도시를 걷다

벽돌 사이에 박힌 빛을 하나 주웠다.

누군가 버린 듯 놓여 있었지만
나는 그것을,
별이라고 부르기로 했다.

이름을 붙인다는 것은,
존재를 다시 태어나게 하는 일이다.
그래서 나는 이 책을 '스타사피엔스'라 불렀다.

사람은 누구나 저마다의 궤도를 돈다.
어떤 이는 직선처럼 나아가고,
또 어떤 이는 원을 그리며
자신에게로 다시 돌아온다.

나도 그랬다.
멀리 멀리 갔다가
결국 나라는 별의 중심으로
되돌아왔다.

이 글을 쓰는 지금,
나는 당신이 누구인지 모른다.

당신은 나보다 젊을 수도,
나보다 아플 수도,
나보다 더 많이 사랑했을 수도 있다.

하지만 한 가지는 알 수 있다.

당신도 별이다.
이 문장을 믿든 말든,
그 사실은 이미 오래전부터 존재하고 있었다.

이 책은 명령이 아니다.
이 책은 위로도 아니다.
이 책은 다만, 한 사람의 시선이 다른 사람의 어둠을 비춘 이야기다.

당신이 그것을 바라봐주기만 한다면,
그 자체로 충분하다.

별은 설명되지 않는다.
그저 바라봐야 하는 것이다.
때론 멀리서,
때론 아주 가까이서.
때론 스스로조차 믿을 수 없을 만큼 흐릿하게.

하지만 그 별은 당신 안에서 여전히 존재하고 있다.

나는 별을 믿는다.
그러나 천문학을 공부하지 않았다.
나는 사람을 믿는다.
그러나 완벽한 사람을 만난 적은 없다.
나는 당신을 믿는다.
그런데,
당신은 스스로를 믿고 있는가?

기억은 조각난다.

시간은 뒤엉킨다.
감정은 수시로 틀어진다.
그래서 이 글은 완벽한 구조를 갖지 않는다.
이것은 빛과 어둠 사이에 떠 있는 한 사람의 기록이다.
이 글은 다 쓴 후에야 제일 처음의 의미를 갖게 된다.
그런 글이 있다.
그리고 그런 삶이 있다.

우리는 언제부터 빛나야 한다는 강박에 사로잡히게 되었을까.

누군가 말했다.
"당신은 언젠가 빛날 거야."
나는 그 말에 동의하지 않는다.

당신은 '지금' 빛나고 있다.
다만,
당신이 그 사실을 모를 뿐이다.

이 책을 쓰는 내내 나는 나를 의심했다.
이 단어들이 정말 누군가에게 닿을 수 있을까?
이 문장이 한 사람의 밤을 덜 외롭게 만들 수 있을까?

그러다 문득 알게 되었다.
글은 진심만 있으면 별이 될 수 있다는 사실을.

사람은 구조다.
한 겹 한 겹 쌓인 시간의 단면,
타인의 시선으로 굳어버린 표정,

잊히지 않는 감정의 깊이.

별이란 그런 사람의 구조에 빛이 스며든 상태를 말한다.

이 책은 그 빛이 어떻게 당신의 골격을 감싸는지를 말하려 한다.

당신은 지금 이 글을 읽고 있다.
이 문장을 따라오고 있는 동안에도
세상은 돌아가고,
시간은 흐르고,
누군가는 울고,
누군가는 웃고 있다.

그 모든 풍경 속에서
당신이 이 문장을 따라가고 있다는 사실은 기적이다.

나는 믿는다.
당신이 별이라는 걸.
그러나 그 믿음은 내게 강요된 진리가 아니라,
오랜 시간 속에서 조용히 발견된 직관이다.

당신은 단지 존재하는 사람이 아니다.
당신은 누군가의 어둠을 조금 덜어주는 사람이다.

이 책은 교훈을 주지 않는다.
결론을 말하지 않는다.
이 책은 단지 묻는다.

당신은 지금 어디에 있나요?

당신은 누구를 비추고 있나요?

그리고… 당신은 자신을 사랑하나요?

이 책은 끝나지 않는다.
프롤로그는 시작이지만,
동시에 끝이다.
이 모든 별의 여정은 당신이 이 책을 덮은 뒤부터 비로소 시작된다.

당신이 던질 다음 질문,
당신이 찾아갈 다음 궤도,
그 모든 것이 이 이야기의 진짜 후속편이다.

그러니 마지막으로 이 말을 남기고 싶다.

"당신은 이미 누군가의 별입니다."
그리고 당신도 언젠가 누군가의 마음 안에 영원히 반짝일 겁니다.

《당신도 그중 하나》

당신이 오늘
하루를 버텼다면
그건 이미 별이었다
누군가를 위해 잠을 미뤘다면
작은 말 한마디를 삼켰다면
울고 싶은 순간 웃었다면
당신은 지금
누군가의 어둠을 비추고 있는 중이다
하늘의 별은 크고 멀지만
당신의 별빛은 작고 가까워서, 더 귀하다
나는 믿는다
이 세상엔 이름 붙지 못한 별들이
너무 많다는 것을
당신도 그중 하나라는 걸
말해주고 싶었다
이 시를 쓰는 지금
나는 그걸 누구보다 확실히 믿는다

《먼지로 시작한 별》

태초에 인간은 먼지였다
짐승과 다르지 않은 입김이었고
지평선 아래에 매달린 무명無名이었다
그러다
도구를 쥐고, 불을 피우고
언어를 입술에 새겼다
그리고 질문을 품었다
"나는 왜 여기에 있는가?"
별은
처음부터 하늘에 있지 않았다
무릎 꿇은 돌밭 위에서
가만히 쳐다보던 눈동자 속에서
처음으로 떠오른 빛
지금도 그 별은
전구가 아닌
당신의 심장에서 깜빡인다
우리는
진화라는 시간 속에서
위로가 필요했던 존재
온기 하나로
세상을 건너온 먼지
그 먼지가
지금, 나다
그리고 너다
그리고
우리 모두는
이제 별이 되어야 한다

서장

인류 진화의 끝에서
다시 빛나기 시작한 존재, 스타사피엔스

스타사피엔스

1. 우리는 얼마나 멀리 왔는가

오스트랄로피테쿠스는 직립했고,
호모 하빌리스는 도구를 쥐었고,
호모 에렉투스는 불을 지폈고,
호모 사피엔스는 언어로 기억을 남겼다.

우리는 그렇게 수백만 년을 걸어 오늘의 이 도시에 도착했다.

그러나,
도시에 불이 켜졌다고 해서 우리가 길을 찾은 것은 아니다.
무언가를 잃어버린 채,
우리는 빛나는 척 살아가고 있다.

2. 우리는 진화했는가, 아니면 단지 복잡해졌는가

포노 사피엔스—스마트폰을 신체처럼 쓰는 인간들.
AI 사피엔스—인공지능과 공존하며 사고를 위탁하는 존재.

우리는 편리해졌고,
빠르게 연결되었지만,

그만큼 고립되었고,
불안해졌고,
의미를 잃었다.

3. 스타사피엔스의 탄생

어둠 속에서 빛을 찾으려는 인간의 본능.
그러나 이제 우리는 빛 자체가 되려 한다.

스타사피엔스는 '별처럼 살아가는 사람'이다.
성공이 아니라 진심, 속도가 아니라 방향,
효율이 아니라 의미.
타인의 어둠을 비추는 존재.
사라져도 빛은 남는 존재.

4. 스타사피엔스는 왜 필요해졌는가

현대 사회는 '기능'으로 사람을 분류한다.
그러나 인간은 더 이상 효율적이거나 유용하기만 한 존재가 아니다.

우리는 서로의 고통을 감지하고,
공감하고,
안아줄 수 있는 별 같은 존재다.

사회학자 울리히 벡은 말했다.
"불확실성은 인간 존재의 숙명이다."

스타사피엔스는 그 불확실성을 견디는 내면의 리듬이다.

5. 전문가의 정의 – 스타사피엔스란 무엇인가

건축가에게 스타사피엔스는 공간을 빛으로 설계하는 사람이고,
심리학자에게는 정서적 회복을 확산시키는 중심이며,
도시계획자에게는 관계의 별자리를 이어주는 노드이고,
시인에게는 어둠 속에서 흔들리는 한 줄의 문장이다.

6. 그리고 그 시작은 '당신'이다.

스타사피엔스는 어디선가 존재하는 '위대한 누군가'가 아니다.
당신이 조용히 건넨 인사,
당신이 침묵으로 지켜낸 관계,
당신이 스스로를 무너지지 않게 만든 하루
그 모든 것이 스타사피엔스의 궤도다.

7. 그리고 이제, 우리는 묻는다.
우리는 왜 별이 되어야 하는가?

이 책은 그 질문으로부터 지금 이 장으로 이어진다.

우리는 진화를 멈췄지만,
진심은 멈추지 않았다.

그리고 이제,
별이 되려는 사람들이 나타나기 시작했다.

누군가는 새벽 지하철을 타고, 누군가는 병원에서 밤을 지새우며, 또 누군가는 아무도 모르게 한 사람의 어둠을 지켜주고 있었다.

그들은,
하늘이 아니라 땅 위에서 빛나는 별들이었다.

이 책은 그 별들에 대한 기록이다.

《빛나지 않아도 별》

누군가는 별을 보며 말한다
"저 별은 크고, 밝고, 유명해."
그러나 나는 안다
진짜 별은, 소리 없이 빛난다
너는 불을 만든 것도 아니고
도시를 세운 것도 아니고
인류를 이끈 것도 아니다
하지만,
매일을 견디고
누군가를 안아주고
자신을 잊지 않으려 애쓴다
그것이면 충분하다
네가 켜는 전등은
우주를 밝히진 않아도
누군가의 방 한 켠에
온기를 남긴다
별은
수치를 요구하지 않는다
단지 존재한다
흔들리는 숨결,
고개 숙인 하루,

말없이 내민 손끝에도
별은 있다
그러니
너는 빛나지 않아도 된다
이미 별이니까

《나는 왜 별이 되어야 하는가》

누군가는 묻는다
왜 꼭 별이 되어야 하냐고
그냥 살아가도 되지 않느냐고
나는 대답하지 못한다
하지만 밤이 되면 안다
길을 잃은 누군가에겐
작은 빛 하나가
생명을 건너는 징검다리라는 걸
별이란
누군가를 위해
자신의 어둠을 견디는 존재
나는 거창한 사람이 되고 싶지 않다
다만 누군가가
"너 때문에 버텼어"라고 말해준다면
그것이면
별이 되는 이유로는 충분하다

1장

우리는 왜 별이 되어야 하는가

삶과 주거, 존재의 철학에 대한 고찰

별이라는 말이 내게 왔을 때

1. 별이라는 단어가 내게로 걸어왔다.

어느 날 문득,
별이라는 단어가 내 마음 어딘가를 툭 건드리고 지나갔다.

설명이 되지 않았고,
정의되지 않았고,
그러나 나는 알 수 있었다.
이 단어는 나에게 말을 걸고 있었다.

2. 나는 묻기 시작했다.

"별이란 무엇인가?"
"누가 별이 되는가?"
"나는 별이 될 수 있는가?"

그 질문은 철학도,
과학도,
낭만도 되지 못했다.
그건 고단한 하루 끝, 나를 지켜낸 이름에 대한 질문이었다.

3. 삶은 별과 닮지 않았다.

그러나 가끔,
아주 가끔
삶은 별처럼 느껴졌다.

쓰러졌다가도 다시 일어났을 때,
아무도 보지 않는 자리에서.
나만 아는 진심을 다했을 때,
잠들기 전 나 자신을 안쓰럽게 쓰다듬을 때.

나는 느꼈다.
이게 '별처럼 사는 것'이 아닐까.

**4. 나는 누군가를 보며,
그가 별이라는 사실을 늦게야 알았다.**

편의점 야간 알바생,
밤기차를 타고 출근하는 노인,
하루 종일 무거운 가방을 든 채 책임을 감내하는 엄마.

그들의 이름은 없었다.
그들의 소리는 작았다.
그들의 삶은 빛나지 않았지만 나는 거기서 빛을 보았다.

**5. 별은 하늘에 있는 것이 아니었다.
별은 땅 위에 있었다.**

발밑의 흙 속,
건물 사이의 틈,
회색 도시의 구석,
사람과 사람 사이의 말 없는 시간 속에.

나는 별을 발견했다.

6. 그리고 나는 쓰기로 했다.

이제부터 나는 우리가 별로 살아가고 있다는 사실을
기억하기 위해,
잊지 않기 위해,
다시 말해주기 위해 쓰기로 했다.

이 문장은 선언이 아니라 조용한 호출이다.
잊고 있던 당신 안의 별을 부르는 문장이다.

이름 없는 별들, 그러나 사라지지 않는 빛

1. 그들은 아무도 주목하지 않았다.

지하철 첫차에 탄 노인,
편의점 유리 너머에 앉아 있는 아르바이트 청년,
미소를 잃지 않던 택배기사,
울음을 삼키며 밥을 짓던 어머니.

누구도 그들을 "별"이라 부르지 않았지만,
그들은 하루를 통과시키는 빛이었다.

**2. 누군가의 이름은 기록되지 않지만,
그 존재는 여전히 남는다.**

나는 그날 처음 본 사람이 내 하루를 바꾸는 순간을 경험했다.
그는 그저 지나갔지만,
나는 그를 잊을 수 없었다.

그건 '영향력'이 아니라, '존재력'이었다.

3. 속도는 삶을 설명하지 않는다.

빠른 사람만 성공하는 줄 알았다.
그러나
조용히, 묵묵히, 느리게
자기 길을 걷는 사람에게서 나는 더 오래 기억될 빛을 보았다.

별은 빠르지 않다.
별은 오래 남는다.

4. 별은 '비침'이 아니라 '지속됨'이다.

누구나 한 번쯤은 반짝인다.
하지만 별은 지속적으로 빛나며 자기 자리를 지킨다.

그 자리를 지킨다는 건
작은 것 같지만
가장 어렵고,
가장 강한 선택이었다.

5. 그는 작은 빛을 품고 있었다.

말수가 적고,
퇴근 후에는 연락이 잘 되지 않으며,
회의에서 크게 말하지 않는 사람.

그러나 모두가 모르는 사이
누군가의 자료를 정리했고,
누군가의 실수를 덮었고,
누군가의 야근을 줄였다.

그는 별이었다.
빛나지 않아서 더 빛났다.

6. 나는 이제 눈에 띄지 않는 사람들을 바라보기로 했다.

도시의 뒷편,
무대 뒤,
현장의 구석.

거기에
이름 없이 빛나는 별들이 숨어 있다.
그들은 자신이 별이라는 걸 모른다.
그래서 더 빛난다.

집이라는 첫 별자리

1. 집은 건축이 아니라 기억이다.

벽과 기둥, 천장과 마루.
기술로는 설명되지만 집이라는 말은 언제나 감정으로 기억된다.

"너는 어디서 자랐니?"라는 질문은 주소를 묻는 게 아니라 감정의 온도를 되묻는 것이었다.

**2. 나는 집을 설계하려 했고,
결국 사람을 설계하고 있었다.**

내가 그린 선 하나,
그린 창 하나,
그 빛이 머무는 방향이 어떤 사람의 삶을 바꾸고 있었다.

그래서 나는 벽을 세우는 대신 숨 쉴 틈을 만들기로 했다.

3. 집은 삶을 담는 그릇이다.

그릇은 모양보다 무엇이 담기는지가 중요하다.

사랑이 담기고,
침묵이 담기고,
때로는 상처가 담기고.

그 모든 것을 포용할 수 있는 공간,
그게 진짜 집이었다.

4. 별은 집에서 태어난다.

우리가 처음 빛을 배운 곳은 집이다.
처음 울음을 터뜨린 공간,
처음 안긴 온기,
처음 나를 설명하지 않아도 괜찮았던 곳,
그때 우리는
빛나는 법을 배웠다.
누구도 보지 않았지만 가장 뜨겁게 타올랐던 시간.

5. 집은 부재의 언어로도 말한다.

빈 방,
꺼진 전등,
남겨진 컵 하나.

때로 집은 사라진 것들로 우리를 감싸 안는다.

집은 떠난 이들의 별빛을 기억하는 공간이기도 하다.

**6. 나는 다시,
누군가의 집이 되고 싶다고 생각했다.**

공간으로서가 아니라,
존재로서.
누군가에게 안심이 되는 사람.
설명하지 않아도 괜찮은 사람.
집이 주는 감정처럼,
나는 그렇게 빛나고 싶었다.

나는 나의 속도로, 나만의 궤도로 걷는다

1. 세상은 묻는다 – 너는 어디쯤 왔니?

몇 살에 무엇을 이루었고,
어떤 직업을 가졌고,
얼마나 벌고 있는지.

모든 것이
선형적이고,
비교 가능한 숫자로만 이야기된다.

그러나 나는 속으로 중얼거린다.
"나는 도착하지 않았지만,
충분히 살아내고 있어."

2. 별은 직선으로 움직이지 않는다.

우주는 곡선으로 존재하고,
별들은 타원과 나선으로 회전한다.

그들은 정확하지 않다.
그러나 그만큼 유일하다.

삶도 그래야 한다.
흔들려야 한다.
그래야 반짝인다.

3. 나의 속도는 나만의 호흡이다.

빠르지 않아도,
눈에 띄지 않아도,
나는 내가 숨 쉴 수 있는 리듬을 찾았다.
남들이 뛰는 사이 나는 천천히 걷는다.
그 길 위에서 나는 나를 가장 깊이 마주친다.

4. 너는 멀리 갔구나, 나는 깊이 들어간다.

성공이라는 고도 대신 나는 감정의 밀도를 선택했다.

누구는 빛을 원하고,
나는 그림자 속의 생각을 남긴다.

그래서 나의 길은 보이지 않지만 존재한다.

5. 속도를 줄인 사람만이 무언가를 볼 수 있다.
걷는 속도가 느린 사람은 계절의 변화를 먼저 안다.
담장 너머 피어난 꽃을 보고,
길 위의 금이 가는 소리를 듣는다.

나는 빠른 삶을 사는 대신 깊은 삶을 택했다.

6. 궤도는 직선이 아니라 곡선이다.

나는 목표를 향해 곧장 가지 못했다.
하지만 돌아가는 길에서
사람을 만났고,
감정을 배웠고,
작은 우주를 건넜다.

결국 도착은 속도가 아니라 '방향의 충실함'으로 이루어졌다.

빛나는 조건이 아니라, 빛나는 태도

1. 실패는 궤도의 일부다.

나는 그동안 실패를 방향의 오류로만 생각했다.
그러나 실패는 별이 궤도를 돌아오듯 반복되는 리듬이었다.

결코 멈춘 것이 아니었다.
단지 돌아가는 중이었다.

2. 흔들리는 별은 더 오래 남는다.

완벽하게 고정된 별은 없다.
모든 별은 흔들리며,
미세하게 떨리며,
그 떨림 속에서 빛을 뿜는다.

나는 그 떨림을 약함이 아니라 존재의 증거로 받아들이기로 했다.

3. 나는 멈춘 줄 알았다.
그러나 멈춘 것이 아니라 숨 고른 것이었다.

삶은 달리기만으로 완성되지 않는다.

때로 멈추어 서서,
고개를 들어 하늘을 보아야 한다.

그 시간이 내 궤도의 중심을 되찾는 시간이었다.

4. 빛나는 것은 힘이 아니라 의지다.

나는 약했다.
쉽게 흔들리고,
자주 불안했고,
자주 지쳤다.

그럼에도 불구하고 내가 꺼지지 않았던 이유는 나는 매일 다시 켜지기로 선택했기 때문이다.

5. 그날 그는 울면서도 출근했다.

새벽 버스를 타는 그의 눈가엔 눈물이 남아 있었다.
그러나 그는
일어났고,
걸었고,
문을 열었고,
인사를 건넸다.

그게 별이었다.
그게 별의 태도였다.

**6. 나는 이제 빛날 준비가 된 사람이 아니라,
빛나고 있다는 사실을 받아들이는 사람이 되고 싶다.**

조건이 갖춰져야만 비로소 빛날 수 있는 줄 알았다.
하지만 이제는 안다.

지금 이 순간 내가 이렇게 살아내고 있다는 사실이 이미 하나의 빛이다.

우리는 서로 다른 궤도로, 같은 하늘 아래 빛난다

1. 그들은 서로 몰랐다.
청년은 아침 7시에 출근했고,
어머니는 밤 11시에 잠들었고,
노인은 같은 공원 벤치에 매일 앉았고,
작가는 밤마다 글을 썼다.

그들은 만난 적이 없다.
그러나 그들은 같은 하늘 아래 있었다.

2. 연결은 침묵 속에서 이루어진다.

말하지 않았고,
알아보지 못했고,
이름도 기억나지 않았지만,
나는 안다.
그날 청년이 놓고 간 미소 하나가 다음 사람의 하루를 덜 무겁게 했다는 걸.

그건 우연이 아니라 별빛의 궤도였다.

3. 별 하나는 길을 비추지 못한다.
그러나 별들이 함께할 때 밤이 물러간다.

나는 나 하나로는 세상을 바꿀 수 없다.
그러나 누군가와 함께라면,
그 빛이 잇닿는다면,
우리는 밤을 견딜 수 있다.

4. 별은 서로를 닮지 않는다.
그렇기에 별자리다.

작은 별,
흔들리는 별,
한참 늦게 뜨는 별,
다시 떠오르지 못한 줄 알았던 별.

그 모든 별들이 하나의 별자리를 이룰 때 우리는 '우리'가 된다.

5. 그리고 나는 이 문장을 건넨다.

당신도 누군가에게 그 별이었다고.
조용히,
빛나며,
무너지지 않고 살아낸 존재였다고.

그 사실만으로 당신은 지금,
하늘에 있는 것보다 더 빛난다.

《내 궤도, 나의 속도》

나는 빠르지 않다
늘 뒤처지는 편이었고
눈치를 보는 쪽이었다
그러다 문득 깨달았다
별들은 서로 다른 궤도를 돈다는 걸
절대 충돌하지 않기 위해
서로의 고유한 속도를 지키고 있다는 걸
나는 이제
누군가와 나를 비교하지 않기로 했다
내 걸음은 느리지만,
내 마음은 진심이니까
나는
나의 궤도대로
천천히, 그러나 분명히 빛나기로 했다

《일곱 개의 별》

어떤 별은
함께 숨 쉬기 위해 존재했다 — 공생
어떤 별은
말한 것을 끝까지 지켰다 — 책임
어떤 별은
말보다 먼저 마음이 닿았다 — 진심
어떤 별은
자신보다 타인의 무게를 먼저 안았다 — 배려
어떤 별은
떨리는 손으로도 한 걸음 내디뎠다 — 도전
어떤 별은
사라지지 않고 오래 머물렀다 — 지속
어떤 별은
어둠 속에서도 빛을 포기하지 않았다 — 희망
우리는 모두
그 별들 중 하나가 되어야 한다
아니,
이미 그 빛 중 하나로
누군가의 밤하늘에 떠 있는 중일지도 모른다

2장

정신은 빛의 궤도다
- 스타사피엔스의 7가지 정신

공생 · 책임 · 진심 · 도전 · 희망 · 지속 · 배려

정신은 빛의 궤도다

**1. 정신은 구조가 아니다.
정신은 궤도다.**

우리는 '정신'을 말할 때 종종 추상적인 단어로 포장한다.
"그 사람은 정신이 훌륭해.",
"정신력이 강하네.",
"정신적인 가치가 중요해."

그러나 나는 다르게 생각한다.
정신은 곧 '움직임'이고 '지향성'이다.

**2. 정신은 '머무는 철학'이 아니라,
진동하는 실천이다.**

정신은 머리 안에만 머물러 있지 않는다.
삶 속에서 반복되며,
삶의 리듬을 구성한다.
그는 하나의 궤도를 그리며 시간과 공간, 관계를 관통한다.

3. 별은 정지한 것처럼 보이지만 실은 계속 움직이고 있다.

우리가 밤하늘에서 바라보는 별빛은 이미 수천 년 전의 것이고,
그 별은 지금도 다른 속도로,
다른 궤도로 이동하고 있다.

정신도 마찬가지다.
겉으로는 보이지 않아도 그 사람의 말, 선택,
침묵 속에서 끊임없이 궤도를 유지한다.

4. 정신은 공감력의 원천이다.

하버드대 심리학자 마사 누스바움은
"정신은 감정의 논리이며,
타인의 고통을 해석하는 능력이다"라고 말했다.

이 시대에 필요한 정신은 지적 우월감이 아니라 감정에 대한 윤리적 책임감이다.

5. 정신은 시대에 반응하는 태도다.

세계의 경제 위기,
코로나 팬데믹,
기후위기,
전쟁과 AI 기술의 폭주.

이러한 세계 속에서 정신은 불확실성에 맞서는 '지속가능한 내면의 설계도'가 되어야 한다.

6. 이 책은 '별처럼 살아가는 사람들'을 기록한다.

그들은 별처럼 살아간다.
그러나 그 별빛은 단지 운명이 아니라,
의지적인 선택과 반복된 태도의 총합이었다.

이 장에서는 그 별빛의 구성요소, 곧 7가지 정신을 문학과 철학, 사회와 도시,경험과 증거의 언어로 펼쳐볼 것이다.

7. 이것은 '삶의 정신'을 하나의 궤도로 정리하는 시도이다.

공생, 책임, 진심, 배려, 도전, 지속, 희망 이 7개의 단어는 우리의 시대정신이자 빛을 유지하기 위한 고요한 동력이다.

공생 – 연결과 생존의 미학

1. 나는 혼자 살아남았다. 그러나 살아낸 건 아니었다.

처음엔 '독립'이 멋져 보였다.
의존하지 않고, 기대지 않고,
혼자 결정하고 혼자 책임지는 삶.

그러나 어느 날 문득 깨달았다.
혼자 있다는 말과 함께하지 못한다는 건 다른 이야기라는 걸.

2. '함께'는 선택이 아니라 생존의 조건이었다.

생물학자 린 마굴리스는 진화는 경쟁이 아니라 '협력의 반복'에서 발생한다고 말했다.

미토콘드리아도,
식물의 엽록체도,
모두 다른 종 간의 공생에서 비롯되었다.

자연은 이미 알고 있었다.
함께 살아야 살아낼 수 있다는 것을.

3. 도시의 구조는 관계를 설계한다.

서울시 1인가구 비율은 2023년 기준 약 33%.
혼자 사는 사람은 많아졌지만,
외로움은 줄어들지 않았다.
좁은 원룸, 비좁은 엘리베이터, 소리 나지 않는 복도.

공간은 우리를 고립시켰다.
그러나 그것이 설계될 수 있다면, 다시 연결될 수도 있다.

4. 나는 공생을 물리적 구조로 이해했다.

공유 오피스의 커피머신 앞,
골목의 의자 두 개,
아파트 로비에 놓인 작은 책장.

이런 사소한 접촉지점이 사람과 사람을 '살게' 했다.

공생은 크고 거창한 유토피아가 아니라 일상의 틈에 배치된 구조였다.

5. 조직은 공생 없이 유지되지 않는다.

리더십은 위계가 아니라 공생의 흐름을 조정하는 역량이다.
잘 듣는 사람,
존중하는 사람,
질문하는 사람이 함께 걷는 문화를 만든다.

2020년대 이후 가장 성공적인 조직은 '심리적 안전지대'를 우선 설계한 곳이었다.

6. 나는 타인과의 접촉에서 나를 확장한다.

내가 몰랐던 나의 말투,
내가 의식하지 못한 나의 무관심,
타인을 통해 드러난 나의 표정들.

공생은 내가 나를 더 많이 알게 되는 거울이자 통로였다.

7. 그리고 나는 지금 묻는다.

당신은 누구와 살아가고 있나요?
누구로 인해 숨을 쉬고 있나요?
당신을 살게 하는 이름은 무엇인가요?

그 질문이 바로 공생의 출발점이다.

책임 – 말의 무게, 행동의 결과

1. 책임은 말과 행동 사이의 틈을 메우는 감각이다.

"할게요."라는 말은 너무 쉽게 흘러나온다.
그러나 그 말이
누군가에겐 기대였고,
누군가에겐 유일한 희망이었으며,
누군가에겐 전부였다.
책임은 말의 잔향이 머무는 시간 동안
그 자리를 지키는 태도다.

2. 책임은 결과보다 '감당의 태도'다.

법적 책임과 도덕적 책임은 다르다.
전자는 명확한 '의무'지만 후자는 '관계 안에서의 무게 중심'이다.

사회학자 지그문트 바우만은 말했다.
"책임은 불확실성을 감당하려는 윤리이다."

우리는 실패해도 책임질 수 있고,
완벽하지 않아도 책임 있게 존재할 수 있다.

3. 건축은 책임의 집합체다.

한 줄의 콘크리트가 기둥이 되고, 기둥은 하중을 나눠 지지하며 결국 전체 건축을 떠받친다.
책임이란 나 하나가 무너지면 누군가가 대신 버텨야 한다는 걸 알고 있는 구조적 감각이다.

4. 조직은 책임을 '배분'하는 곳이 아니라 '공명' 시키는 곳이어야 한다.

상사가 책임을 전가하고,
동료가 말없이 침묵하고,
시스템이 문제를 알고도 두는 순간 책임은 사라진다.

심리학자 브레네 브라운은 말한다.
"책임은 투명한 용기이다.
불편한 말이라도, 말해야 한다."

5. 나는 실패한 적 있다.

그러나 책임을 피한 적은 없었다.

그 차이가 나를 다시 걷게 했고,
나를 신뢰하게 했다.

책임은 회복의 첫 문장이다.

6. 책임은 혼자 감당하는 것이 아니다.

좋은 조직, 좋은 관계는 책임의 '함께 감당 가능성'을 설계한다.

"네가 잘못했지만, 나도 미안해."
"이건 우리가 함께 풀 문제야."
"책임지게 하지 않고, 책임지게 만든다."
이 말이 공동체를 견고하게 만든다.

7. 그리고 나는 오늘도 말을 아끼고, 행동을 조심하며, 책임을 남긴다.

왜냐하면 책임이란 내가 남기고 가는 자국이 누군가의 길이 되기도 하니까.

진심 – 감정과 진실성의 교차

**1. 진심은 논리가 없다.
그러나 방향이 있다.**

나는 말한 적 있다.
"괜찮아요."
그 말은 괜찮지 않았다는 뜻이었다.
진심은 늘 정확하지 않다.
그러나 그 흐름이 있는 곳엔 언제나 온기가 있다.

2. 진심은 느껴지고, 때로는 설명되지 않는다.

심리학자 칼 로저스는 말했다.
"진심이란 타인의 방어 없이
있는 그대로 받아들여지는 감정의 파동이다."

우리는 상대의 말이 아니라 표정, 숨결, 말투의 떨림에서 진심을 먼저 읽는다.

3. 나는 서툴렀다.

그러나 진심이었다.

말을 잘하지 못했고,
매끄럽지 않았고,
멋있게 포장하지도 못했다.

하지만 그런 나를 보고 누군가는 "고맙다"고 말했다.

그 말은 내 존재를 승인하는 첫 사인이었다.

4. 조직에서 진심은 '성과'보다 오래 남는다.

프로젝트가 끝난 후 보고서보다 기억에 남는 건 "그때 함께여서 다행이었어요."라는 말이다.
성과지표(KPI)는 사라지고,
감정의 기록은 남는다.
진심은 관계의 지속성에 투자하는 정서적 리더십이다.

5. 진심은 소통이 아니라 공명의 파동이다.

나는 어떤 이에게 아무 말 없이 그저 어깨를 다정히 두드렸고,
그는 아무 말 없이 조용히 울었다.

우리는 말이 아니라 파동으로 연결되어 있었다.

6. 진심은 반복으로 증명된다.

단 한 번의 이벤트보다,
매일 묻는 "잘 지내?" 한 마디,
기억해주는 취향,
기다려주는 침묵.
진심은 드라마가 아니라 습관이다.

7. 나는 매일 나에게 묻는다.

"지금의 말은 정확한가?"보다
"지금의 말은 따뜻한가?"

진심은 정확할 수 없다.
하지만 온도는 남긴다.

배려 - 약함에서 비롯된 강함

1. 배려는 약자의 태도가 아니다.

우리는 종종 배려를 '여유 있는 사람의 행동'으로 오해한다.
그러나 내가 본 진짜 배려는 가장 아픈 사람이 보여준 조용한 용기였다.

2. 배려는 타인을 위한 침묵이자, 나를 지키는 거리감이다.

"그 사람이 불편하지 않았으면…"
"내 말이 상처되지 않기를…"
배려는 말을 줄이는 선택이지만 그 안에는 엄청난 감정의 조율이 숨어 있다.

3. 조직에서 배려는 성과보다 오래간다.

2017년 스탠퍼드 조직심리연구소에 따르면,
"정서적으로 안전하다고 느끼는 조직일수록 성과는 평균 37% 이상 더 지속적이었다."
배려는 실적보다 느리지만,
지속성과 충성도라는 이름으로 돌아온다.

4. 건축에서 배려는 설계의 디테일이다.

손잡이의 높이,
창문의 방향,
계단의 조도,
의자의 곡률.

보이지 않는 배려가 사람의 피로도를 줄인다.

배려는 감각의 디자인이다.
공간을 사람에게 맞추는 윤리다.

5. 나는 나보다 약한 사람을 위해 조금 더 무거운 문을 열기로 했다.

그는 뒤에서 걷고 있었고,
나는 문을 잡았다.
그는 말없이 고개를 끄덕였고,
나는 아무 말 없이 미소 지었다.

그 작은 행위 하나가 그의 하루를 가볍게 했기를.

6. 배려는 강한 자가 하는 것이 아니다.

배려는 섬세한 자만이 감당할 수 있다.
고통을 감지하는 사람만이 고통의 무게를 나눌 수 있다.
그래서 배려는 강함이 아니라,

깊음의 구조에서 시작된다.

7. 나는 나에게도 배려하기로 했다.

타인을 위해 참아온 시간들.
상대를 먼저 고려한 선택들.
이제 나는 나를 위해 입을 다물지 않고,
감정을 무시하지 않고,
나 자신을 '먼저 생각해보는' 배려를 시작한다.

도전 - 실패를 전제로 한 전진의 미학

1. 도전은 가능성보다 두려움에서 시작된다.

사람들은 "해볼 만한 일"이라고 말했지만 나는 매일 물었다.
"이건 망해도 되는 일인가?"
성공의 확률보다 실패해도 다시 일어설 수 있는 감정의 여유,
그게 진짜 도전의 조건이었다.

2. 도전은 '준비 완료' 상태에서 시작되지 않는다.

경영학자 에릭 리스는 말했다.
"완벽한 시작은 없다.
있다면, 그것은 너무 늦은 것이다."

나는 두려웠고,
계획은 조각났고,
예상은 무너졌지만 그럼에도 나는 움직이기로 했다.

3. 실패는 도전의 부작용이 아니라 본질이다.

도전하는 사람은 실패하지 않을까 두려워하지 않는다.
오히려 실패라는 과정 안에 나만의 성장 곡선을 미리 설계한다.

그 곡선이 있어야 나는 낙심하지 않고 지속할 수 있다.

4. 도전하는 사람은 외롭다.

그러나 그 외로움은 나를 키운다.
응원보다 조언이 많고,
조언보다 의심이 많고,
그 의심보다 큰 건 내 안의 목소리였다.
"이걸 왜 하고 있지?"
그 질문을 매일 통과한 사람만이 빛의 궤도에 진입한다.

5. 도시에서 도전은 공간과도 싸운다.

좁은 월세방,
낮은 신용등급,
부족한 네트워크.

도전은 자본보다 공간이 먼저 부족했고,
공간이 허락되지 않은 사람은 자기 몸의 밀도로 싸웠다.

6. 도전은 신념보다 지속성의 기술이다.

드라마틱한 선언보다 지속적인 반복.
도전은 하루를 견디는 루틴이 쌓여 의미가 되는 과정이다.
"잘하고 있다"가 아니라,

"계속하고 있다"가 더 위대한 말이다.

7. 나는 도전하고 있다.

성공을 위한 것이 아니라,
내가 어떤 사람인지 알아가기 위해 이 여정의 끝에 성과가 있을지 없을지 모른다.
그러나 나는 안다.
이 길을 걷는 동안의 나의 얼굴이 이전보다 많이 진심이었다는 것을.

지속 – 반복과 고요함 속에서 빛나는 별들의 리듬

1. 눈에 띄지 않는 존재감이 있다.

그는 말이 없었다.
늘 같은 시간에 출근했고,
같은 자리에 앉았고,
눈에 띄지 않았다.

그러나 모든 사람이 떠난 후에도 그는 그 자리에 있었다.

지속이란 목소리가 아니라, 남는 것이다.

2. 우리는 '성장'이라는 이름 아래 '지속'을 과소평가했다.

혁신, 성과, 성취 이 세 단어는 '계속하고 있는 사람'을 가려버렸다.
그가 여전히 일하고 있고, 버티고 있고, 그 자리를 지키고 있음에도.

지속은 세상의 가장 조용한 영웅이다.

3. 도시 속 지속은 공간의 기억으로 축적된다.

한 카페의 고른 의자,

편의점 점원의 인사 습관,
언제나 열려 있는 골목의 가게.

이 도시가 불안정하게 흔들릴 때 우리를 안심시키는 건 이런 '지속의 패턴들'이었다.

4. 조직은 지속으로 신뢰를 얻는다.

늘 같은 말로 회의를 시작하는 상사.
빠르게 피드백 주는 팀원.
침착하게 문제를 반복 점검하는 실무자.

리더십은 매력보다 루틴이고,
지속 가능한 리듬의 안정감에서 생긴다.

5. 건축도 지속을 말한다.

수명 50년의 구조,
10년 이상 쌓인 온기,
천천히 마모되는 벽의 질감.

지속이 아름다운 건 시간과 함께 견뎌냈다는 증거이기 때문이다.

6. 반복은 루틴이 아니라 신념이다.

매일 책상에 앉아 노트를 펼치고, 기록을 시작하고, 기억을 정돈하고, 한숨을 멈춘다.
이 반복의 행위는 삶을 유지하는 숨결이다.

지속은 '살아 있다'는 가장 명확한 증명이다.

7. 나는 사라지지 않기 위해 남기로 했다.

별은 한 번 번쩍인 후 사라지는 게 아니다.
진짜 별은 조용히, 오래, 변하지 않고 밤하늘 어딘가에서 누군가를 비추고 있다.
나는 그런 별이고 싶다.

희망 - 어둠 속에서 빛을 선택하는 감각

1. 희망은 감정이 아니다.

희망은 선택이다.
"괜찮아질 거야."
그건 사실이 아니라 의지였다.

희망은 현실을 모르기 때문에 하는 말이 아니라,
현실을 알면서도 말할 수밖에 없는 감정의 결단이다.

2. 어둠이 짙을수록 희망은 더욱 미세해진다.

지나가는 웃음소리,
버스 안에서 마주친 눈빛,
누군가가 '잘 지내?'라고 물은 그 한마디.

절망의 끝에서 희망은 거창한 것이 아니라 거의 들리지 않는 속삭임이다.

3. 희망은 통계가 아니다.

청년실업률, 자살률, 불균형지수 모든 수치는 희망의 부재를 말한다.

그러나 나는 한 청년이 오늘도 펜을 들고 이력서를 쓰는 것을 보았다.
그 손끝 하나가 모든 절망을 다시 뚫고 나아가는 빛이었다.

4. 도시에서 희망은 간판보다 오래간다.

재개발이 밀어낸 공간에서 작은 카페가 다시 문을 열었고,
닫혔던 책방이 돌아왔고,
낡은 벽에 그림이 다시 그려졌다.

희망은 사람의 손끝으로 도시의 결을 복원한다.

5. 나는 무너졌던 사람들에게서 희망을 배웠다.

그는 다시 일어났고,
그녀는 울면서도 요리를 했고,
그들은 떠나지 않았다.

희망은 강함이 아니라 끝까지 '머무름'을 선택하는 감정이었다.

6. 희망은 예측이 아니라 증명이다.

희망은 말하는 것이 아니라,
살아냄으로써 드러나는 것이다.

매일 일어나는 사람,

다시 출근하는 사람,
작게라도 인사하는 사람 그들은 희망의 구조다.

7. 나는 오늘도 묻는다.

"지금의 내가 누군가에게 작은 희망이 되고 있는가?"

빛나는 존재가 아니라,
그저 어둠 속에서 작은 불빛이 될 수 있다면 그것이면 별이 되고, 그게 곧 희망이다.

우리는 정신으로 궤도를 만든다

1. 삶은 방향이 아니다.

삶은 정신의 궤도다.
누구는 빠르게 갔고,
누군가는 멀리 갔고,
또 누군가는 돌아왔다.

하지만 중요한 건 '어디로 갔는가'가 아니라 '어떤 정신으로 걸었는가'였다.

2. 우리는 매 순간 선택하고 있었다.

함께할 것인지, 혼자 설 것인지.
책임질 것인지, 회피할 것인지.
진심을 말할 것인지, 침묵할 것인지.
도전할 것인지, 멈출 것인지.
지속할 것인지, 포기할 것인지.
희망을 품을 것인지, 어둠에 기댈 것인지.

그리고 그 선택 하나하나가 우리의 정신을 구성했다.

3. 정신은 이름이 없다.

그러나 기억된다.
누군가는 그걸 '공생'이라 불렀고,
또 다른 이는 '배려'라고 했다.

우리는 각자의 언어로 자기 정신을 만들어왔다.

이제 그 정신들이 서로를 향해 궤도를 만든다.
그리고 그 궤도들이 겹칠 때,
우리는 별자리가 된다.

4. 도시, 조직, 가정, 사회 그 모든 구조는 정신이 설계한 결과다.

공간은 중립적이지 않다.
관계도 마찬가지다.
우리의 정신이 무엇을 중요하게 여기는지에 따라 구조는 변하고, 미래는 설계된다.

그러니 우리는 정신을 먼저 지켜야 한다.

5. 나는 이 문장을 끝으로 당신의 궤도에 닿고 싶었다.

당신이 지금 조용히 살아가고 있다면,
누구보다 무게를 감당하고 있다면,
작은 반복 속에서 자기만의 정신을 간직하고 있다면,

당신은 이미 하나의 별이고,
하나의 방향이며,
하나의 궤도이다.

6. 우리는 정신으로 궤도를 만든다.

그 궤도가 겹쳐질 때 새로운 세계가 시작된다.

그 세계는 조용할 것이다.
빠르지 않을 것이다.
그러나 반드시 따뜻할 것이다.

그 세계의 이름은 스타사피엔스.
별처럼 살아가는 사람들이다.

《진심은 빛보다 빠르다》

광속은 빠르다
하지만 진심은 더 빠르다
말보다 먼저 도착하고
눈빛보다 깊게 스며들며
기억보다 오래 머문다
진심이란
속이지 않는 감정
숨기지 않는 손
스타사피엔스는
진심을 숨기지 않는 사람
울컥한 순간을 피하지 않고
마음이 머문 자리에
자신도 함께 남는 사람
나는 이제 알고 있다
진심은 증명되지 않아도
늘 느껴진다는 것을

스타 사피엔스 — 별처럼 살아가는 사람들

《창문마다 켜진 별》

도시는
빛나는 간판으로 이루어지지 않았다
늦은 밤 켜진 한 줄기 전등
그 아래 식은 밥을 데우는 손
창문 넘어 아이의 잠든 숨결을 바라보는 사람
나는 그런 순간을 별이라 부른다
도시는
사람으로 완성된다
벽과 길, 빌딩의 높이보다
한 사람의 따뜻한 자리로부터 숨 쉬기 시작한다
창문마다 켜진 불빛은
그날의 고단함이자
별빛이 머무는 자리
우리는 모두
한 칸짜리 별로
이 도시를 밝혀가는 중이다

3장

도시 위의 별들

도시와 인간, 공간과 공생의 철학적 해석

우리는 도시에 살고 있지만,
도시가 우리를 기억할까?

1. 그는 건축가였다.

혹은 건축가인 척,
사람의 삶을 설계할 수 있다고 믿었던 사람이었다.

그는 도면 위에 사람을 넣지 않았다.
기둥과 벽체, 단열재, 창호 스펙은 빼곡했지만 '어떤 감정이 지나갈 것인가'는 적혀 있지 않았다.
나중에서야 그는 깨달았다.
도시는 구조가 아니라, 감정의 축적이라는 사실을.

2. 아이는 길을 모른다.

그러나 가장 먼저 길을 만든다.
골목의 크기를 손으로 재고,
맨홀 위에 올라가 점프하며 자신만의 도시를 건설한다.
도시는 아이의 감각 속에서 하나의 놀이터이자 우주다.

도시가 안전한지 아닌지를 아이의 걸음으로 확인할 수 있다.

3. 고양이는 벽 너머를 안다.

사람이 닿지 못하는 틈을 알고,
울타리 너머를 건너고,
도로와 담장의 온도차를 구별한다.

도시를 가장 부드럽게 걷는 존재.
도시의 비밀은 고양이의 등 위에서 살아 움직인다.

4. 청년은 도시의 가장자리에서 서성인다.

그는 바쁘다.
그러나 무언가를 향해 달려가는 것이 아니다.
어디에 있어도 '중심'이 되지 못한 채 계속 주변을 맴돈다.

지하철의 끝 칸,
공용 테이블의 모서리,
고시원 방 창문 밖 그곳이 그의 도시다.

그는 도시의 공간이 아니라 틈새에 살고 있다.

5. 도시라는 말은 너무 크다.

그래서 나는 작게 부르기로 했다.
편의점, 버스정류장, 골목, 옥상, 계단, 카페,
그리고 아주 조용한 주차장 옆 벽돌 한 장.

도시는 '크기'가 아니라 '감정의 누적'이다.
몇 번 지나쳤고, 몇 번 멈췄고, 몇 번 울었는가.
그것이 도시를 도시되게 한다.

6. 도시가 나를 만든다.

나는 섬에서 낳고 도시에서 살아온 섬 출신이다.
그러나 내 안의 도시는 위치가 아니라 기억으로 구성되어 있다.

첫 이별을 했던 벤치,
친구가 울면서 기대었던 골목 벽,
합격 통보를 받았던 편의점 앞

도시는 좌표가 아니라 마음의 지도였다.

도시의 구조는 말이 없지만,
사람은 침묵하지 않는다

1. 창문은 바깥을 보기 위한 구조가 아니다.

나는 오래도록 창밖을 바라보며 살았다.
그러나 이제는 안다.
창문은 '보는 것'보다 '바라봐진다는 것'을 전제로 만들어졌다는 사실을.
나는 창문 앞에서 나 자신을 의식하게 되었다.
보는 자가 아니라,
보여지는 자로서.

2. 벽은 경계이면서도, 의지처다.

어떤 날은 벽에 기대어 울었다.
누군가에게 등을 보이지 않기 위해서였다.

도시는 벽으로 가득 차 있지만 그 벽에 누군가의 체온이 배어 있는 순간,
그곳은 더 이상 '막힘'이 아니라 '버팀'이 된다.

3. 침묵은 도시의 언어다.

엘리베이터 안에서 우리는 아무 말도 하지 않는다.
그러나 그 침묵은 우리가 서로를 인식하고 있다는 증거다.

말하지 않음이 부재가 아닌,
존재의 방식이 될 수 있다면 그것이 도시다.

4. 단절은 연결의 전제다.

내가 누군가와 연결되기를 원한다는 것은 이미 내가 단절되어 있다는 뜻이다.

그러니까,
도시는 연결을 갈망하는 이들의 집합이다.
우리 모두는 다른 존재의 온기를 반사된 유리창 너머로 바라보며 살아간다.

5. 건축은 사람을 담는 그릇이어야 한다.

도면 위에 있는 것은 숫자지만,
그 안에 살아갈 사람은 시간과 감정과 눈물로 이루어져 있다.

나는 그걸 알지 못했다.
처음엔 몰랐다.
그러나
한 공간에서 반복해서 들려오는 웃음소리와 밤마다 울리던 천장의 울림을 듣고 나서야 나는 건축이 구조가 아니라, 기억의 그릇이라는 것을 알았다.

6. 관계는 거리보다 시선이다.

가까이 있어도 멀고,
멀리 있어도 가까운 사람.

도시는 수많은 거리로 이루어져 있지만 진짜 거리는 마주친 순간의 눈빛, 흘려보낸 한숨, 그 사람을 향한 고개 돌림 속에 있다.

우리는 그렇게 마주치지 않고도 마주하고 있는 존재들이다.

도시가 기억하는 것들, 잊는 것들

1. 장소는 기억을 담는 구조다.

그 골목을 지날 때면 나는 어김없이 그 사람을 떠올린다.
말 없이 걷던 속도,
문득 마주쳤던 눈빛,
헤어졌던 계절의 냄새.
장소는 감정을 담는다.
건축이 구조라면,
도시는 기억의 퇴적층이다.

2. 철거는 풍경을 바꾸지만, 감정을 지우지 못한다.

오래된 주택이 허물어졌고 그 위로 새 건물이 올라섰다.
나는 그곳을 다시 지나며 익숙함을 느꼈다.

익숙한 건 건물이 아니라 내가 그곳에 두고 온 시간이었다.

3. 도시에는 시간이 겹쳐 있다.

나는 이 거리를 처음엔 초등학생으로 걷고,
나중엔 연인으로 걷고,

지금은 어른으로 걷는다.

그런데 그 모든 시간의 내가 동시에 존재하고 있는 것 같다.

그게 도시다.
시간이 병렬적으로 쌓이는 곳.
선형적 삶이 겹쳐지는 기억의 다층 구조.

4. 공간은 사람을 정의하기도 한다.

어느 동네에 살았는지,
어떤 방에서 자랐는지,
주로 머물던 곳이 어디였는지.

그것이 내 정체성의 일부가 되었다.

나는 공간을 설계하며 사람을 만들고 있었다는 사실을 뒤늦게 알았다.

그리고 이제는 안다.
내가 설계한 공간은 그 사람의 감정을 바꾸는 일이었다는 걸.

5. 도시의 가장 오래된 곳은 사람의 마음이다.

건축은 리모델링되고,
간판은 바뀌고,
길은 새로 포장된다.

그러나 어떤 이름은 지워지지 않고 어떤 온기는 흐려지지 않는다.

사람의 기억은 도시보다 더 오래 산다.
도시는 기억의 하드디스크가 아니라,
사람의 감정에 깃든 영혼의 클라우드다.

6. 도시가 잊어도, 나는 기억한다.

지금은 사라진 서점,
폐업한 국숫집,
문 닫은 다방.

이제 지도에도 없고,
검색해도 안 나오는 곳들.

그곳에서 나는
처음 울었고,
처음 고백했고,
처음 실패했다.

도시가 잊어도, 나는 기억한다.
그리고 그 기억이 나를 다시 걷게 만든다.

우리가 만나는 법, 우리가 스치는 법

1. 도시는 혼자 있기 좋은 곳이다.

사람은 많지만,
대화는 드물다.
대화는 드물지만,
눈빛은 자주 마주친다.

도시는 고독을 허락하는 공간이다.
그래서일까, 어떤 날은 그 고독이 나를 덜 외롭게 만들었다.

2. 우리는 매일 누군가를 지나친다.
그리고 거의 대부분 다시 만나지 않는다.

지하철 손잡이,
엘리베이터 안,
횡단보도 앞.
그 짧은 동행 속에서도 나는 때때로 묻는다.
"이 사람도… 나처럼 외로운가요?"

3. 대화는 짧고, 감정은 깊다.

"안녕하세요."
"먼저 가세요."
"고생하셨어요."

그 짧은 문장들에 나는 뜻밖의 위로를 받는다.
말은 단절되어 있지만, 그 단절이 꼭 무관심이라는 뜻은 아니었다.
배려는 침묵 속에서도 자란다.

4. 도시의 관계는 선이 아니라 점이다.

시작과 끝이 없다.
단지 순간의 밀도만 남는다.

한눈에 본 이가 한 생을 기억 속에 남길 수도 있다.

길게 함께해도 아무것도 남기지 않는 관계도 있다.

도시는 '얼마나'보다 '어떻게' 스쳤는가를 기억하는 공간이다.

5. 우리는 다 연결되지 않지만, 모두 영향을 주고받는다.

내가 쓴 리뷰,
내가 남긴 웃음소리,
내가 무심코 지나친 말투 하나.

그것들이 누군가의 하루를 바꾼다.
도시는 나의 흔적이 누군가의 감정에 닿는 공간이다.

6. 때로는, 누군가를 마주칠 용기가 필요하다.

사람을 만나는 일은 기대이기도 하고, 두려움이기도 하다.

그러나 스치기만 하는 도시 안에서 누군가를 향해 시선을 머무는 일은 별이 빛을 내는 순간처럼 귀하고 짧고, 진심이다.

공간은 존재의 언어다

1. 건축은 사람을 담기 위해 존재한다.

나는 도면을 그릴 때,
'몇 평인가'보다 '어떤 삶이 살고 있는가'를 먼저 생각하고 싶었다.
그러나 자주 잊었다.
벽 두께에, 구조계산에, 법적 기준에 사람이 사라진다는 걸.

어느 날,
텅 빈 방 안에 퍼지는 따뜻한 웃음소리를 들었을 때 나는 비로소 이해했다.

공간은 구조가 아니라 감정이었다.

2. 공간은 사람의 형태를 닮는다.

좁은 골목을 자주 걷는 사람은 말투도, 사고방식도 좁고 깊어진다.

햇살이 잘 드는 집에 사는 아이는 웃는 법을 먼저 배우고,
지붕 없는 삶을 사는 사람은 슬픔을 먼저 안다.
우리는 공간을 닮아간다.
그리고 공간은 우리를 다시 구성한다.

3. 구조는 눈에 보이는 것보다 더 깊다.

나는 구조설계를 배우며 하중과 응력을 익혔다.

그런데 감정도 구조가 있었다.
누군가의 슬픔은 벽에 스며들고,
누군가의 기쁨은 천장에 반사되었다.

건축은 기억의 물리화였다.

4. 도시라는 말 대신, 이름을 불러야 한다.

나는 '도시'라는 단어보다 '이 동네', '그 골목', '우리 집 앞'이라는 말을 좋아했다.
도시를 인식하는 방식이 말에서부터 시작되기 때문이다.

도시는 추상어가 아니라 개인의 정체성 안에 구체적으로 존재해야 한다.

5. 공간은 질문한다.

"너는 누구니?"

거울 앞이 아니어도 나는 도시를 거닐며 끊임없이 나를 마주한다.
지하철의 창문,
카페의 유리,
아파트 현관의 인터폰 화면 속 나.

그 모든 장소는 내게 똑같은 질문을 던졌다.

"너는 지금, 누구로 존재하고 있니?"

6. 도시란, 내가 살아 있다는 것을 증명하는 장치다.

누군가는 말했다.
"서울이 너무 차가워."
나는 말했다.
"그럼에도 불구하고, 나는 여기에 살고 있다."

살고 있다는 사실만으로도 나는 도시를 구성하는 하나의 존재의 단서였다.

도시를 별자리처럼 다시 보는 선언

**1. 도시엔 별이 없다.
그러나 우리는 여전히 빛난다.**

밤하늘을 가리는 건물들,
간판의 빛에 묻힌 어두운 골목.
그 속에서 우리는 별을 찾을 수 없었다.
그러나 서로가 서로를 비추는 순간 도시는 별자리가 되었다.

2. 별자리는 별 하나로는 만들어지지 않는다.

당신 혼자의 빛으로는 무언가를 이루기 어렵다.

그러나 당신의 옆에 또 다른 별이 하나 놓이고, 그 옆에 또 하나의 별이 자리 잡을 때 우리는 하나의 별자리를 만든다.

도시란 결국,
서로 다른 궤도를 가진 사람들이 하나의 리듬으로 연결되는 별자리다.

3. 나는 나로서 빛나야 한다.
그래야 당신도 당신으로 빛날 수 있다.

우리는 종종 다른 사람처럼 살아야 할 것 같았다.
그렇게 살아야 도시에 적응할 수 있을 것 같았다.

그러나 나는 알게 되었다.
내 빛이 희미하더라도,
그 빛이 나만의 색일 때 당신도 나를 인식할 수 있다는 것을.

4. 도시라는 거대한 우주 속에서 우리는 서로의 길을 비춘다.

당신의 하루는
누군가의 밤을 밝혔고,
당신의 실수는
누군가의 용기가 되었고,
당신의 웃음은
어딘가에 울림이 되었다.

그건 의도된 선의가 아니라,
존재의 자연스러운 파동이었다.

5. 도시의 별은 높지 않다.
그건 눈높이에 있다.

버스정류장에 앉아 있는 노인,

학교 앞에서 뛰어노는 아이,
마감 시간에 겨우 도착한 청년.

그들은 누구보다 빛났다.
세상의 중심이 아니더라도,
누군가의 시선을 받지 않아도.

그들은 도시의 낮은 별이었다.
그래서 더 가깝고, 더 따뜻했다.

6. 마지막으로 나는 말하고 싶다.

이 도시는 완벽하지 않다.
우리는 그 안에서 길을 잃고, 벽에 부딪히고, 가끔 서로를 잊기도 한다.
하지만 우리가 서로를 '별'이라 부르는 순간 도시는 다시 숨을 쉬기 시작한다.

7. 그러니 나는 지금, 이 페이지에서 선언한다.

우리는 도시 위의 별들이다.
각자 다른 리듬,
다른 고독,
다른 희망을 품고 빛나는 존재들이다.

우리는 도시라는 밤하늘 위에서 서로를 구성하고 있는 살아 있는 별자리다.

《도시의 심장소리》

도시는 쉼 없이 운다
신호음, 브레이크 소리,
사람의 발자국 소리와 함께
하지만 가장 깊은 심장소리는
아무도 듣지 못하는 고요 속에서 울린다
건물 뒤편 오래된 의자에 앉아
손을 맞잡은 노부부
계단에서 햇살을 마시는 아이
그 순간,
도시는 비로소 살아 있다
나는 도시의 건축가가 아닌,
도시의 기억을 짓는 사람이고 싶다
별은 하늘에만 있지 않다
도시는, 별이 켜지는 사람들의 자리다

《나만의 궤도》

너는 왜
그 길을 가느냐고 묻는 이들에게
나는 대답하지 않는다
대답보다 오래된 침묵이
내 궤도를 지켜주었으니까
누구와도 비교하지 않았고
누구의 뒤를 따르지도 않았다
나는
나만의 속도로,
나만의 방식으로,
내 빛을 찾아가는 중이었다
느리다고 틀린 건 아니다
멀다고 틀린 건 더더욱 아니다
별은
서로 다른 속도로 움직이면서도
하늘의 조화를 이룬다
나는 나의 궤도대로
오늘도 무너지지 않고 걸었다
그것이면 충분하다

4장

나의 길을 걷는 별들

자율성과 정체성, 진로에 대한 감성적 에세이

비교하지 않는 별

1. 그는 느렸다.

기차는 지나가고,
사람들은 멀어지고,
소식은 빠르게 흐르는데 그는 느리게 걸었다.

누군가는 말했다.
"그는 뒤처졌어."
하지만 그는 돌아보지 않았다.
왜냐하면 그는 자신만의 궤도를 걷고 있었기 때문이다.

2. '늦음'은 오류가 아니다.

세상은 말한다.
"지금쯤이면…"
"너도 이제…"
"다른 사람들은 벌써…"

나는 그 말들에 눌려 몇 번이고 나를 의심했지만, 결국 내 안에서 이 말이 솟구쳤다.
"내 속도로 살고 있어요.
그게 나의 정확한 리듬이에요."

3. 비교는 방향을 잃게 만든다.

나는 누군가의 경로를 따라갔다.
그가 웃는 방향으로,
그가 향한 목표로.

그러나 아무리 가도 내 안엔 도착감이 없었다.
그때 깨달았다.
타인의 궤도는 내가 도달할 수 없는 별자리라는 것을.

4. 속도는 진실을 가리지 못한다.

빠르게 가는 사람이 먼저 도착하는 게 아니다.
그는 어쩌면 먼저 지치는 사람일 수 있다.

나는 지치고 싶지 않았다.
나는 살고 싶었다.

그래서 나는 멈췄고,
다시 내 걸음으로 걷기 시작했다.

5. 나만의 리듬은 다르다.

나는 아침보다 밤이 편했고,
말보다 침묵이 익숙했고,
무대보다 무대 밖의 풍경을 더 사랑했다.

그 모든 차이를 부끄러워하지 않기로 했다.
별은 서로를 닮지 않지만 서로의 자리를 존중한다.

나도 그런 별이 되고 싶었다.

**6. 그는 빛나지 않았다.
그러나 흔들리지도 않았다.**

그는 조용했다.
그래서 사람들은 그를 보지 못했다.
하지만 나는 안다.

그의 고요한 걸음이 누군가에겐 "나도 괜찮다"는 증거가 되었다는 것을.

이름이 아닌 마음으로 사는 사람들

1. 그는 직함으로 자신을 소개하지 않았다.

사람들은 물었다.
"무슨 일 하세요?"
그는 웃으며 말했다.
"그냥, 사람 사이에서 일해요."
그 대답이 낯설었던 나는 나중에서야 이해했다.
사람은 하는 일로 살아가는 것이 아니라 어떻게 존재하느냐로 기억된다는 걸.

**2. 정체성은 바뀔 수 있다.
그러나 진심은 남는다.**

나는 한때
누군가의 아들이었고,
누군가의 직원이었고,
누군가의 연인이었다.

그 모든 '역할'은 시간과 상황에 따라 달라졌지만 나의 방식, 나의 언어, 나의 손끝의 감정은 언제나 같았다.

정체성은 흔들려도 진심은 흔들리지 않는다.

3. 타인의 이름은 너무 빨리 내게 붙는다.

"그는 그럴 사람이야."
"그 애는 늘 그런 식이잖아."
"넌 원래 조용한 사람이잖아."

나는 그 말들 속에서 점점 말이 줄어들었다.
설명하고 싶지 않았고, 반박하는 것도 지쳤다.

그 대신 나는 조용히 살아내기로 했다.
그 말들과 상관없이.

4. 나는 어떤 사람으로 기억되고 싶은가?

그 질문은 내 이름을 말할 때보다 더 오랫동안 나를 멈춰 세운다.

칭찬이 아니라,
인상 깊은 존재가 되고 싶었다.
자랑이 아니라,
위로가 되는 기억으로 남고 싶었다.

그건 욕망이 아니라 선택이었다.

5. 존재는 빛나는 순간이 아니라 지속된 마음에서 만들어진다.

화려한 발표,

감동적인 연설,
감탄을 자아내는 성과들.

그 모든 것은 아름다웠지만 내게 오래 남은 사람들은 매일 나를 같은 눈으로 바라봐준 사람들이었다.

그들의 마음은 일정했고, 그 일정함이 나를 지켜냈다.

6. 그래서 나는 조용한 이름이 되고 싶었다.

누가 내 이름을 부를 때
큰 목소리가 필요 없는 사람,
먼저 떠올려지는 얼굴.

그건 유명함과는 다른 가치였다.
그건 사랑이었고, 기억이었고, 관계였다.

실패 속에서 나를 지켜내는 기술

1. 실패는 사라지는 게 아니라 남는 것이다.

성공은 짧다.
축하도, 박수도, SNS의 반응도 며칠을 넘기기 어렵다.

하지만 실패는 오래 남는다.
혼자일 때 떠오르고,
밤이 되면 더 선명해진다.

그래서 나는 실패를 두려워하지 않고,
그 안에 앉아보기로 했다.

2. 실패는 방향이 아니라 지형이다.

우리는 길을 갈 때 지도만 보지만,
지형을 느끼는 건 오직 '걸은 자'만의 몫이다.
넘어짐은 방향을 잃었기 때문이 아니라 길 위에 돌이 있었기 때문이다.

실패는 잘못된 선택이 아니라 도착을 위한 피로의 증거다.

3. 어떤 실패는 나를 멈추게 했고, 어떤 실패는 나를 다시 시작하게 했다.

같은 실패처럼 보여도 그 안에서 나는 다르게 반응했다.

어떤 날은 눈을 감았고,
어떤 날은 손을 내밀었고,
어떤 날은 글을 썼다.

그리고 결국, 나는 다시 걷고 있었다.

4. 실패는 질문이다.
"넌 진짜 이 길을 원하니?"

나는 이 질문에 수없이 무너졌고,
수없이 대답을 피했지만 결국 언젠가 작게,
그러나 분명하게 말했다.

"그래, 원해요. 그게 아니면 내가 아니니까."

5. 나는 실패를 기억하는 사람이고 싶다.

성공을 이야기하는 사람은 많다.
그러나 실패를 함께 기억해주는 사람은 별처럼 귀하다.

내가 누군가에게 그런 사람이 될 수 있다면 나는 더 이상 실패하지 않은 사람이다.

6. 그래서 나는, 넘어지는 법을 배운 후 일어서는 방식을 찾았다.

무릎의 아픔을 감추지 않고,
멍든 마음을 위로하지 않으며,
그냥 고요히 걸었다.

그 자체로 나는 나를 지켜냈다.

누군가의 기대가 아닌, 나의 설계로 사는 사람들

1. 타인의 기대는 친절한 감옥이었다.

그들은 나를 걱정했고,
응원했고,
길을 알려줬다.
하지만 그 길은 항상 내가 아닌 누군가의 기준으로 미리 정리된 지도였다.

나는 그 지도를 접어버리기로 했다.

2. "그 정도면 괜찮지 않아?"라는 말에 머물지 않기 위해

사람들은 멈추라고 했다.
"너무 무리하지 마."
"그쯤에서 만족해야지."
"안정적인 게 최고야."

나는 고개를 끄덕였지만 속으로는 이렇게 말했다.

"괜찮은 삶이 아니라 나다운 삶을 살고 싶어요."

3. 나는 남들의 설계도를 찢고 내 손으로 밑그림을 그렸다.

처음에는 엉성했다.
삐뚤었고,
균형도 맞지 않았고,
지워야 할 선도 많았다.

그런데,
이상하게도 그 안에는 나의 체온이 담겨 있었다.

그건 나밖에 만들 수 없는 삶의 모양이었다.

4. 기준은 언제나 외부에 있다.
그러나 삶은 내부에서 만들어진다.

"지금 이 나이에 그걸 해?"
"그 나이에 아직 그거야?"
"남들은 다 어떻게든 했잖아."

그 말들이 내 안에 쌓일 때마다 나는 조용히 문을 닫았다.
그리고 내 안에서 다시 문을 열었다.

5. 나는 남들의 박수가 없을 때 가장 나다웠다.

무대 위의 순간보다,
무대 뒤의 숨 고르기.

성과보다,
계속 하고 있는 과정.
누군가 보지 않아도 나는 계속하고 있었다.

그건 습관이 아니라 의지였다.

6. 내가 설계한 삶은 아직 완성되지 않았지만 이미 내 것이다.

누가 보기에 멋지지 않아도,
기준에 비해 늦어도,
불안정해 보여도.

내 삶은 내 손으로 그려가는 중이라는 사실 하나만으로 충분히 의미 있었다.

고유함으로 존재하는 별들

1. 별은 서로 닮지 않는다.

어느 날 밤,
나는 같은 하늘 아래 서로 다른 빛을 내는 별들을 보았다.
한 별은 작고 깜빡였고,
다른 별은 묵직하고 고요하게 빛났다.

그것이 서로를 위협하지 않고,
오히려 밤하늘을 풍성하게 만들고 있었다.

우리도 그렇게 존재해도 되는 거였다.

2. 나만의 언어가 있다.

나는 사람들처럼 매끄럽게 말하지 못했고,
누군가처럼 적절하게 표현하지 못했다.

하지만 나의 말은 내 마음과 연결되어 있었다.

진심은 단어의 정확함보다 울림의 밀도로 기억된다.

3. 나만의 속도가 있다.

다른 사람은 하루에 할 일을 나는 삼 일에 나눠 했다.
남들이 열 번 시도할 때 나는 두 번만 겨우 움직일 수 있었다.

하지만 그 두 번은 내게 너무나도 절실했고,
그만큼의 에너지를 담고 있었다.

속도는 곧 진심의 형태다.

4. 나만의 감정이 있다.

나는 잘 울었다.
광고를 보다가도,
길가에서 피어난 작은 꽃을 보다가도.

나는 잘 웃지 못했다.
농담에 웃지 못하는 날도 많았고,
웃고 나서 마음이 더 무거워지는 날도 있었다.

그러나 나는 나였다.
감정의 모양이 이상하더라도,
나는 진짜였다.

5. 고유함은 비교를 거부한다.

비교는 단일 기준을 전제로 한다.
그러나 나는, 그 기준 안에 들어가지 않았다.

그리고 이제는 알게 되었다.
내가 벗어난 게 아니라, 그 기준이 나를 포용하지 못했던 거라는 걸.

6. 고유함은 외로움을 동반하지만, 동시에 자유다.

나는 때때로 이해받지 못했고,
때때로 말을 줄여야 했고,
자주 다름을 감춰야 했다.

그러나 그럼에도 불구하고,
나는 내 삶을 내가 선택할 수 있었다.

그 자유는 외로웠지만 진짜 나로 사는 일의 시작이었다.

흔들려도, 나는 나로 남기로 했다

1. 끝까지 나로 산다는 건 선택이다.

내가 어떤 사람이고 싶은지 묻지 않아도 되는 순간이 있다.
그건 이미 내가 나로서 살아내고 있다는 증거다.

나는 누군가의 버전이 아니라 내 진심의 결과물로 존재하고 싶었다.

2. 나는 완성되지 않아도 괜찮다고 믿기로 했다.

누군가는 말했다.
"너는 아직 부족해."
나는 속으로 대답했다.
"그래도 지금 나는 나야."

완성은 삶의 끝이 아니라 과정의 일부였다.

그 과정 안에서 나는 부족함조차 나의 일부로 안아야 했다.

3. 흔들릴 수 있다.
그러나 사라지지는 않는다.

사람은 나무처럼 흔들리며 자란다.
그 뿌리가 깊어질수록 바람은 더 강하게 흔든다.

나는 넘어지지 않기 위해서가 아니라 흔들려도 괜찮은 뿌리를 갖기 위해 조용히 나를 다져왔다.

4. 나는 더 이상 증명하지 않기로 했다.

예전의 나는 늘 증명하려 했다.
사랑받을 자격,
존중받을 위치,
존재해야 할 이유.

그러나 지금의 나는 안다.

존재는 그 자체로 충분하다.
빛나지 않아도,
거기 있다는 사실만으로도.

5. 끝까지 나로 살아가는 사람은 가장 눈부신 별이다.

별은 오래 남는다.
한순간의 불꽃이 아니라 지속되는 광도.

소리 없이 지구를 비추는 밤의 신호.

나는 그렇게 살고 싶었다.
사라지지 않고,
흔들리며,
끝까지 나로 남는 존재로.

6. 그리고 나는 다짐했다.

누구의 길도 부러워하지 않고,
누구의 판단에도 흔들리지 않고,
누구의 목소리보다,
내 마음의 소리에 귀 기울이며,
나는
나만의 별자리를 그려가기로 했다.

우리는 서로의 별이 된다

1. 별 하나로는 하늘이 되지 않는다.

아무리 밝아도,
홀로 떠 있는 별은 외롭다.
그 별이 존재하기 위해선 다른 별이 있어야 한다.

별 하나는 조각이지만,
별 여러 개는 이야기다.

그렇게 우리는 서로의 곁에서 빛이 된다.

2. 혼자 걸어온 길의 끝에서 나는 다른 별을 만난다.

혼자 걷는다고 생각했다.
지켜보는 사람도,
기다리는 사람도 없다고.

하지만 언젠가 내 옆을 같이 걸은 사람이 있었다는 걸 나는 너무 늦게 야 알아차렸다.

그 사람이 바로 또 하나의 별이었다.

3. 우리는 각자의 궤도를 갖고 있지만 어딘가에서 교차한다.

삶은 직선이 아니다.
나선이고, 굴곡이고, 물결이다.
그래서 우리는 예상하지 못한 순간에 누군가의 궤도와 닿는다.

그것은 운명이 아니라,
선택된 공명이다.

4. 별이 별을 비출 수 있다면 그건 우주다.

당신이 내 어둠을 비추고,
내가 당신의 불안을 덜어낼 수 있다면 우리는 함께 무언가를 이루는 것이 아니다.

우리는 이미 함께,
존재 자체로 완성된 것이다.

5. 나는 혼자가 아니었다는 것을 이제 안다.

별들은 멀리 떨어져 있지만,
서로의 존재로 인해 더 밝게 빛난다.
당신도,
나도,
때로는 흐릿했고,
때로는 사라질 것 같았지만,

서로가 서로를 알아봐 준 순간,
우리는 밤하늘이 되었다.

6. 그래서 나는 당신에게 말한다.

"당신은 나의 별입니다."
이 말은 시가 아니라 존재에 대한 인식이다.
철학이 아니라 생활 속의 고백이다.

그리고,
당신이 나를 기억하지 않아도 나는 당신을 기억할 겁니다.

7. 우리는 서로의 별이 된다, 그리고 함께 별자리를 만든다.

그 별자리는 위대한 이야기가 되지 않아도 된다.
거창한 업적이 없어도 된다.

다만,
우리가,
서로를 이해하고,
서로를 기다리고,
서로를 포기하지 않기로 한 순간들로 이루어진,
하나의 은하계.

그것이면 충분하다.

《끝까지 나로 살아간다는 것》

화려하지 않아도
완벽하지 않아도
나는 나로 살아가고 싶다
누군가의 기대보다
나의 숨소리에 귀를 기울이고
누군가의 길보다
나의 발걸음에 정직하고 싶다
별은
가장 높은 곳에 떠 있는 것이 아니라
자기 자리를 지킨 곳에서 빛난다
흔들렸고,
넘어졌고,
포기하고 싶었던 순간도 있었지만
나는
끝내 나를 포기하지 않았다
그것이
별로 살아간다는 것
그리고
스타사피엔스라는 이름의
내 이야기다

스타 사피엔스 — 별처럼 살아가는 사람들

《사람으로 빛나는 도시》

스마트한 도시를 설계하라 말하지만
나는 묻고 싶다
그 도시엔
한 사람의 외로움을 받아줄 골목이 있는가
눈을 마주칠 이웃이 있는가
손을 잡을 온도가 남아 있는가
기술은 길을 안내할 수 있지만
위로는 도달하지 못한다
미래는
데이터로 구축되지 않는다
사람의 눈빛으로,
목소리로,
기다림으로 설계되어야 한다
나는 기술보다 사람을 믿고 싶다
그 믿음이 깃든 도시야말로
진짜 미래의 별자리가 될 테니까

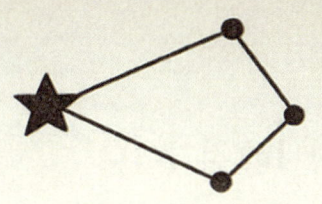

5장

미래를 설계하는 스타사피엔스

스마트도시 · 생태주거 · 인간 중심 기술의 철학

미래는 예측이 아니라 감각이다

**1. 미래는 시간 속에 있지 않다.
감정 속에 잠들어 있다.**

우리는 달력을 넘기며 미래를 예측하려 한다.
하지만 미래는 계획표 위가 아니라 두려움과 기대가 뒤섞인 마음 한가운데에서 조용히 깨어난다.

**2. 사람들은 미래를 말한다.
나는 미래를 느낀다.**

"너의 5년 후는 어떨 것 같아?"
누군가 물었고,
나는 말하지 못했다.

대신,
나는 아주 작고 미세한 감각 하나를 들여다보았다.

오늘 아침 커피를 마시며 떠오른 걱정,
퇴근길 창밖으로 본 하늘색,
문득 그리워진 사람,

그 모든 것이 나의 미래를 이루고 있었다.

3. 미래는 통제할 수 있는 것이 아니라 기다려야 하는 것이다.

나는 조급했고,
그래서 자주 길을 놓쳤다.
계획은 틀어졌고,
시간은 밀려났고,
기회는 보이지 않았다.

그러나 이제는 안다.
미래는 움직임보다 감도 높은 '정지의 감각'에서 피어난다.

4. 우리가 말하는 '미래'라는 단어는 사실상 아무것도 담고 있지 않다.

"좋은 미래", "안정된 미래", "계획된 미래" 그건 모든 것이 현재를 피하고자 하는 방식일 뿐이다.

미래는 현재에서 도망친 사람들이 붙잡기 위해 만든 가상의 단어일지도 모른다.

5. 나의 미래는 지금 여기에 있다.

나는 지금 글을 쓰고 있고,
당신은 이 글을 읽고 있다.
우리는 지금 하나의 문장을 사이에 두고 미래를 만들고 있다.

예측된 것이 아니라,
지금 이 감각과 감정의 진동으로 미래는 시작되고 있었다.

6. 그리고 나는 말하지 않고, 쓰기로 했다.

미래에 대해 설명하지 않고,
미래를 설계하지 않고,
그저 이 한 문장을 지금의 나로 기록해 두기로 했다.

그 문장이 내일의 나를 부를 수 있도록.

기술은 사람을 대신할 수 없다

1. 미래는 편리해졌다.
그러나 사람은 더 외로워졌다.

스마트폰은 대화보다 빠르고,
AI는 더 정확한 문장을 추천하고,
자동화된 시스템은 인간의 실수를 줄여준다.

그럼에도 불구하고,
왜 우리는 더 외로워졌는가.

2. 기술은 계산할 수 있다.
그러나 감정은 해석되지 않는다

내가 피곤한 얼굴을 하고 있어도 자동응답기는 아무 말이 없었다.
내가 천천히 말을 꺼내도 챗봇은 재촉하듯 답했다.

기술은 정답을 줄 수 있지만, 공감은 주지 못했다.

3. 인간은 오류로 존재를 증명한다.

나는 자주 틀렸고,

늦었고,
잊어버렸다.

그 불완전함이 나를 불편하게 했지만,
동시에 내가 인간임을 느끼게 했다.

완벽하지 않다는 사실은 '곧 나'라는 증거였다.

4. 미래의 도시엔 센서가 있지만 등불은 없다.

가로등은 움직임에 반응하고,
문은 손 닿기 전에 열린다.
하지만 어느 날 밤 길을 걷다 혼잣말로 "괜찮아?"라고 말할 수 있는 불빛은 없었다.
기술은 환경을 관리하지만, 온기를 만들지는 못한다.

5. 스타사피엔스는 기계보다 마음을 설계하는 사람이다.

그는 효율보다 관계를 먼저 생각했고,
자동보다 호흡을 중요시했다.
그는 기술을 활용하되,
기술에 기대지 않았다.
대신 그는 사람을 기억했고,
사람을 기다렸고,
사람을 향해 문을 열었다.

6. 나는 기계로부터 배우지 않는다.
나는 사람으로부터 배운다.

한 마디의 말,
한 번의 손짓,
한 사람의 기다림 속에서 나는 나를 키워왔다.

기술은 빠르지만 삶은 느려야 한다.

7. 그래서 나는 묻는다.

당신은 기술로 무엇을 놓치고 있나요?

당신은 더 편리해졌지만, 그만큼 더 사람에게 다가서고 있나요?

공간은 구조가 아니라 감정이다

1. 나는 벽을 세우는 사람이 아니라, 기억을 담는 사람이 되고 싶었다.

처음엔 기둥과 보, 단열과 마감만 보였다.
그러나 그 위에 누군가의 웃음이,
그 안에 누군가의 외로움이,
그 아래 누군가의 바람이 살고 있다는 걸 알게 된 순간 도면은 더 이상 2D의 구조가 아니었다.

2. 주거는 존재를 수용하는 첫 번째 언어다.

어떤 사람은 천장이 낮은 공간에서 몸을 웅크려야 했고,
어떤 사람은 창 없는 방에서 세상을 잊고 살아야 했다.

공간은 말이 없었지만 사람의 마음을 정확히 따라 움직였다.

나는 그 언어를 읽을 수 있어야 했다.

3. 설계는 질문에서 시작되어야 한다.

"여기서 어떻게 살고 싶으신가요?"

"하루 중 가장 긴 시간을 보내는 곳은 어디인가요?"
"당신의 창은 어디를 향하고 있나요?"

도면을 그리기 전에 나는 물어야 했다.
그 사람의 삶을, 감정을, 습관을.

4. 공간이 바뀌면, 사람도 바뀐다.

햇살이 드는 창 하나로 표정이 달라졌고,
소리가 덜 울리는 바닥 하나로 마음이 편안해졌다.

공간은 조용한 설득이자 존재를 변화시키는 무언의 힘이었다.

5. 도시를 설계한다는 건, 사람을 기억하는 일이다.

어떤 공간은
사라지지 않았다.
오래된 계단,
낡은 조명,
익숙한 벽의 질감.
그 모든 것이 사람의 시간과 맞닿아 있었다.

도시는 시간보다 감정을 오래 기억한다.

6. 나는 건축가가 아니라 공감의 그릇을 만드는 사람이다.

누군가의 고독이 스며들 수 있는 벽,
누군가의 꿈이 열릴 수 있는 창,
누군가의 상실이 안전하게 흘러갈 수 있는 통로.

그건 단열재와 스펙의 문제가 아니었다.

그건 사람을 향한 감각의 설계였다.

우리는 빛을 남기지 않는다, 흔적을 남긴다

1. 유산은 물질이 아니라 감정의 잔향이다.

나는 물려받은 것이 거의 없었다.
그럼에도 불구하고 나는 누군가의 삶을 통해 살아갈 수 있었다.
그가 매일 하던 말투,
그녀가 마지막까지 고른 그릇,
어릴 적 나를 감싸던 손의 온기,

그것이 내가 이어받은 미래였다.

2. 미래를 위한 설계는 '지금'의 감각을 기억하는 것이다.

지금 내가 외롭다면 다음 사람은 덜 외롭기를.
지금 내가 버거웠다면 다음 사람은 조금 더 편안하기를.

지속 가능성은 계산에서 오지 않는다.
공감에서 비롯된다.

3. 설계란 다음 사람이 무너지지 않도록 한 겹 더 따뜻하게 쌓는 것이다.

나는 벽 하나를 더 넣었고,
단열을 조금 더 두껍게 설계했다.
그건 효율이 아니라 다음 사람의 피로를 줄이기 위한 작은 배려였다.

4. 나는 다음 세대의 삶을 완성할 수 없다. 그러나 바탕은 남길 수 있다.

완벽한 설계는 없다.
그러나 다음 사람이 다시 짓기 쉬운 구조는 있다.

미래는 처음부터 다시 짓는 게 아니라,
남겨진 삶 위에 덧대는 것에서 시작된다.

5. 내 삶의 바닥재가 누군가에겐 천장이 된다.

지금 내가 견디고 있는 현실이 누군가에게는 기준선이 된다.

그러니 나는 견디되 무너지지 않기로 했다.
무너지지 않되 굳어지지 않기로 했다.

**6. 유산은 이야기다.
그리고 이야기는 계속된다.**

내가 남긴 말,
내가 지운 문장,
내가 꺼내지 못한 이름.

그 모든 것들이
어느 날
누군가의 삶에
새로운 문장으로 쓰일 수 있다면

나는 이미 미래를 설계한 사람이다.

가능성은 눈에 보이지 않는다, 그래서 더 믿는다

**1. 청년은 미래를 예측하지 않는다.
청년은 미래를 감당한다.**

너무 많은 질문 앞에서 청년은 늘 침묵한다.
"지금 뭐 하고 있어?"
"앞으로 뭐 하고 싶어?"
"그걸 해서 뭐가 될 수 있는데?"

대답은 없어도 그는 하루하루 무너지지 않고 살아낸다.

2. 가능성은 언제나 불안의 옆자리에 앉는다.

"할 수 있을까?"
"나는 너무 늦은 건 아닐까?"
"남들보다 뒤처진 건 아닐까?"

청년은 매일 그 물음과 함께 숨 쉰다.
그러나 나는 안다.
그 질문을 한다는 것 자체가 이미 가능성의 씨앗이다.

3. 희망은 조건이 아니라 태도다.

지금 가진 게 아무것도 없더라도,
내일 웃을 수 있는 사람,
그 사람이 희망이다.

청년은 그래서 위대하다.
아직 아무것도 이룬 게 없어도 '시작할 수 있다'는 가능성 하나로 세상을 향해 걷고 있기 때문이다.

4. 나는 청년의 불안이 실패가 되지 않도록 그 옆에 조용히 서 있는 사람이 되고 싶다.

그의 말에 끼어들지 않고,
그의 선택을 대신하지 않으며,
다만 그가 무너지지 않도록,
침묵을 버팀목처럼 세우는 사람.

그게 어른의 설계다.

5. 청년은 길이 아니라 지도 자체를 바꾸는 사람이다.

기성의 길을 따르지 않고,
기준을 의심하고,
속도에 동의하지 않는 존재들.

그래서 청년은 혼란스럽고,
그래서 청년은 위협적이고,
그래서 청년은 미래를 바꿀 수 있다.

6. 가능성은 눈에 보이지 않는다.

그래서 믿는 것이다.

별은 밤에만 보인다.
가능성은 위기 속에서만 빛난다.

나는 오늘도 한 청년이 책상에 앉아 고개를 떨군 채 다시 펜을 드는 모습을 보았다.

그 순간,
나는 미래를 보았다.

나는 나만의 언어로 미래를 말한다

1. 남들이 만든 문장에 내 미래를 넣을 수 없었다.

"성공이란 무엇인가?"
"안정적인 삶이란?"
"행복의 기준은 어디에 있는가?"
수많은 해답과 공식을 읽었지만 그 어디에도 나의 문장은 없었다.

그래서 나는 처음부터 다시 쓰기로 했다.

**2. 처음 쓴 문장은 틀렸다.
두 번째 문장은 너무 약했다.
세 번째 문장은 너무 느렸다.**

그럼에도 불구하고 나는 계속 써 내려갔다.

왜냐하면 그 문장이 틀려도 내 것이기 때문이었다.

**3. 미래는 완성된 이야기를 찾지 않는다.
시작된 서사를 원한다.**

내가 정답을 말할 수 없었을 때 나는 대신 질문을 던졌다.

나는 어디에 있고 싶은가?
나는 누구와 일하고 싶은가?
나는 어떤 방식으로 사람을 사랑하고 싶은가?

질문은 불안하지만 그 불안 속에서 나의 문장이 자라났다.

4. 스타사피엔스는 설계자가 아니다.

그는 '창조적 질문자'다.
그는 구조를 쌓기보다 먼저 사유를 엮었다.
그는 타인의 길을 따르기보다,
먼저 침묵 속에서 자기 언어를 발견했다.

그리고,
그 언어로,
자기만의 미래를 발화했다.

5. 나는 지금도 쓰고 있다.

오답일지 모르는 문장을,
누구에게도 설명되지 않을 철학을,
사람들이 이해하지 못할 감정을.

그럼에도 불구하고 나는 쓰고 있다.

왜냐하면 이 문장이 내가 도달할 미래의 첫 문단이기 때문이다.

6. 나의 언어는 느리고 서툴고 이상하지만, 그게 나다.

나는 유창하지 않다.
나는 설득력도 약하다.
하지만 나의 언어는 내가 걸어온 궤도를 기억하고 있다.

그래서 나는 다른 누구도 대신 쓸 수 없는 미래를 설계하고 있다.

미래는 지금 여기에서 시작된다

1. 나는 미래를 기다리지 않는다.
나는 미래를 만든다.

어떤 사람은 말했다.
"기다려. 때가 올 거야."
나는 고개를 저었다.

나는,
'오는 것'을 기다리는 사람이 아니라,
'만드는 것'을 선택한 사람이다.

2. 미래는 이 순간과 연결되어 있다.

나는 지금 숨을 쉬고 있고,
조용히 생각하고 있고,
누군가를 떠올리고 있다.

그 행위 하나하나가 내일의 형태를 결정하고 있다.

미래는 거대한 혁신이 아니라 작은 감정의 연속으로 이루어진다.

3. 미래는 나로부터 확장된다.

나는 세상의 중심이 아니다.
그러나 내 감정과 선택은 내 우주의 축이다.

내가 흔들리면 내 우주가 흔들린다.
내가 웃으면 누군가의 하루가 밝아진다.

그래서 나는,
나라는 존재를 돌보는 것으로 미래를 돌보기 시작한다.

4. 우리는 미래를 상상하는 것이 아니라 미래로 존재한다.

기획서도, 계획표도 없이 다만 나의 오늘을 진심으로 살아내는 방식으로.

그렇게 우리는 미래가 된다.

5. 나는 지금 이 문장을 쓰며 하나의 시간을 창조하고 있다.

이 글이 당신에게 닿을 때, 우리는 이미 함께 시간을 다시 쓰고 있는 것이다.

미래는 도착지가 아니라 서로를 향해 열리는 문이다.

6. 나는 선언한다.

나는 미래다.
나는 내 감정과 기억,
고통과 기쁨을 통과해 지금 여기에 서 있다.

그러니 나의 삶은 미래로 연결된다.

나는 미래의 증거이고,
나는 다음 세대의 빛이다.

7. 그리고 나는 마지막으로 말한다.

당신이 이 문장을 읽고 있다면,
당신도 이미,
미래를 설계하는 사람이다.

우리는,
거창하지 않게,
그러나 분명하게,
하나의 별자리로 연결된 존재들이다.

우리는 미래를 설계하며,
앞으로 어떤 별이 되어야 할지를 고민해왔다.
그러나 어떤 궤도를 그릴 것인가를 생각하기 전에
이미 하늘을 수놓았던 별들을 먼저 바라볼 필요가 있다.

먼저 살았던 사람들,
이름 없이 빛났던 존재들,
그리고 시대의 무게를 견디며 길을 만들었던 별들,
그들 없이는 지금 우리가 선 자리는 없었을 것이다.

지금부터 우리는,
그 별들에 대한 경의와 복원, 그리고 연결의 장으로
한 걸음을 옮긴다.

《가능성은 눈에 보이지 않는다》

길은 보이지 않아도
걸을 수 있다
빛은 켜지지 않아도
누군가의 손을 잡을 수 있다
미래는 아직 오지 않았지만
지금 여기에서
우리는 이미 설계하고 있다
청년이 포기하지 않는 그 시선
노인이 지켜내는 그 하루
아이의 두 눈이 머무는 그 창밖의 세상
그 모든 것이
가능성의 밑그림
나는 오늘도
도면 없는 별자리를 그린다
눈에 보이지 않아도
그 가능성이
당신 안에서 빛나고 있다

《먼저 빛난 이름 없는 별들》

그들은 역사에 기록되지 않았다
교과서에도, 뉴스에도, 검색창에도 없다
그러나 나는 안다
수천 번 문을 연 가게의 주인,
새벽시장에 첫 불을 켜던 손길,
지하 800미터에서 묵묵히 캐낸 한 줌의 광물
그 별들이
이 도시의 심장이었음을
눈부시지 않아도
그들은 매일을 밝혔고
이름이 없어도
그들은 모두의 하늘을 채웠다
나는 오늘도
그 별들의 길 위에서
자라난다

6장

과거의 별들과 미래의 별들에게

시대와 세대를 연결하는 감동의 별자리

별은 늘 존재해왔다 - 역사 속 스타사피엔스들

1. 이름보다 앞선 빛이 있었다.

그들이 별이었는지는,
그들이 세상을 떠난 뒤에야 알게 되었다.
그들은 별이 되기 위해 살지 않았다.
그들은 그저 자신이 옳다고 믿는 것을 했을 뿐이다.

그러나 그 진심은,
수십 년 후에도 어둠 속에서 길이 되었다.

2. 마더 테레사 - 침묵의 언어, 돌봄의 빛

빈민과 병자들의 땀 냄새 속에서,
마더 테레사는 '말이 없는 돌봄'을 실천했다.
그녀는 단 한 번도 세상을 향해 자신의 이름을 외치지 않았다.

그녀의 별빛은 '자리를 지키는 선택'이었다.
"우리는 위대한 일을 할 수는 없습니다.
다만 위대한 사랑으로 작은 일을 할 수 있습니다."

그 한 마디가,
오늘을 살아가는 요양보호사, 간병인,

그리고 작은 약국의 약사에게 아직도 빛이 되어 전해진다.

3. 유관순 – 열일곱, 그 무서운 빛의 결기

그녀는 어른이 되기도 전에,
자신의 삶을 불태워 조국이라는 단어에 별 하나를 달았다.

그 빛은 너무 일렀고,
너무 아팠다.
그러나 그 짧은 궤도는 오늘의 우리를 비춘다.

역사적 사실이 말해주지 않는 것,
감옥 속에서 그녀가 끝까지 지킨 것은 '존엄'이었다.

4. 윤동주 – 침묵의 시인, 빛을 삼킨 언어

"죽는 날까지 하늘을 우러러 한 점 부끄럼이 없기를…"

그는 외쳤다.
그러나 소리치지 않았다.
그의 시는 어둠 속에서 속삭였고,
오히려 그 조용함이 더 많은 이의 마음을 움직였다.

스타사피엔스는 자신의 언어를 남기는 사람이다.

5. 백남준 – 경계를 넘은 별빛의 실험

누군가가 '미쳤다'고 말했을 때,
그는 예술로 응답했다.
TV를 해체하고,
사운드를 조립하고,
무대와 기술의 경계를 파괴했다.

그는 빛의 물성을 바꾼 사람이었다.

스타사피엔스는 기존의 궤도를 해체해 자기만의 우주를 그리는 사람이다.

6. 별들은 서로를 몰랐다.
그러나 함께 하늘을 만들었다.

유관순과 윤동주는 만나지 못했다.
마더 테레사와 백남준도 마찬가지였다.
그러나 그들은 각자의 자리에서 빛났고,
그 궤도는 겹쳐져 오늘 우리에게 별자리가 되었다.

7. 그리고 나는 묻는다.

지금 우리가 살아가는 이 시대에서
우리는 무엇으로 남고 있는가?
우리는 무엇을 보고 있는가?

과거는 사라지지 않았다.
과거는 오늘을 비추고 있고,
오늘의 선택은 미래의 누군가에게 별이 될지도 모른다.

위대한 순간보다, 위대한 일상의 별들

1. 역사는 기억하지 않았다. 그러나 삶은 있었다.

그들의 이름은 교과서에 없고,
그들의 얼굴은 기록에 남지 않았다.
그러나 우리는 그들이 있었기 때문에 지금 여기 살아 있다.

익명의 별들이 만든 세상은 결코 익명이지 않았다.

2. 전쟁 속 간호사 - 피와 눈물을 닦아낸 손 -

총알이 날아다니는 야전,
사망자보다 더 무서운 침묵의 밤.
그녀는 이름도 없는 병사의 마지막 눈을 감겨주며,
울지 않았다.

"두려워도, 손을 놓을 수 없었어요."
한 간호사가 6.25 전쟁 회고에서 남긴 말이다.

그 한 줄에,
국가보다,
군사보다,
인간이 있었다.

3. 광부 -지하 800m, 별빛 없는 어둠에서-

"나는 햇빛 대신 불꽃을 캤다."
한 태백의 퇴직 광부가 말한 문장이다.
탄광은 고요했고,
그 고요 속에서 죽음은 가까웠다.

그러나 그는 매일 갔다.
가족이 기다리는 식탁이 그의 별자리였기 때문이다.

4. 피난민 여성 - 보따리를 짊어지고 걷는 이름 없는 어머니들 -

그녀는 식량보다 아이의 감기를 먼저 챙겼고,
자신의 발보다 아이의 신발을 먼저 찾았다.

수십만 명이 움직이는 피난길,
수십 년 후의 기억은 이 한 장면이었다.
"엄마는 항상 나보다 뒤에서 걸었다."

5. 무명의 독립운동가 -옥중 편지 한 통의 무게-

어느 무명의 청년이 감옥에서 가족에게 남긴 마지막 편지엔 자신의 이름 대신 나라의 안부가 적혀 있었다.

그는 빛나지 않았지만,
그의 문장은 우리의 오늘을 구성하고 있다.

6. 우리는 누구의 어깨 위에 서 있는가!

당신이 들고 있는 전공서적,
타고 있는 지하철,
지나친 도로,
누워 쉬는 침대 위,
그 모든 것엔,
기록되지 않은 별들의 노동과 시간이 깃들어 있다.

7. 나는 이 모든 익명의 별들에게 절한다.

스타사피엔스는 유명한 사람이 아니다.
그는 기록되지 않아도 자기 자리를 지켜낸 사람이다.

그가 있었기에 우리는 지금 다시 빛을 말할 수 있다.

지금 여기의 별들 – 현대의 고독 속에서
살아남은 사람들

1. 우리는 어쩌다 고립된 별이 되었을까?

연결의 시대라고 했지만,
우리는 서로에게 말을 걸지 않는다.
엘리베이터 안의 침묵,
단절된 회식,
읽지 않는 메신저.

함께 살아가는 듯 보여도,
각자의 궤도는 침묵에 잠겨 있다.

2. 청년 - 불안과 가능성 사이를 걷는 별 -

그는 매일 이력서를 고쳐 쓰고,
인터뷰 전날 밤 눈을 감지 못한 채 "자기소개"와 "강점"을 외운다.

그가 바라는 건 '성공'이 아니라 '무너지지 않는 일상'이다.
"그냥, 월세 밀리지 않고 살고 싶어요."
그 말에 모든 빛이 담겨 있었다.

3. 워킹맘 - 두 개의 세계에서 살아남는 별 -

직장에선 프로젝트를 이끌고,
집에선 아이의 감정을 이끈다.
그녀는 끊임없이 죄책감과 싸운다.

'일을 하면서도 미안하고, 육아를 하면서도 불안하다.'

그런 그녀가 매일 도시락을 싼다.
그건 사랑이 아니라 생존이었다.

4. 노년층 - 잊히지 않기 위해 살아가는 별 -

하루 종일 말 한마디 없이 보내는 노인.
ATM 기계 앞에서 망설이고,
카페 문턱에서 되돌아 나오는 사람.

그들의 외로움은 말보다 '존재하지 않는 시간'으로 쌓인다.

그러나 그들도 누군가의 과거이자 한때 가장 밝았던 별이었다.

5. 자영업자 - 닫지 않기 위해 버티는 별 -

매일 문을 열지만,
손님은 줄지 않는다.
배달앱 수수료, 인건비, 임대료, 세금…

그는 계산기를 두드리며 자신의 가치가 아닌 '현금흐름'의 가능성을
고민한다.

그러나 매일 문을 연다.
그건 의무가 아니라 존엄이다.

6. 우리는 지금도 빛나고 있다.

이 시대의 별들은 SNS에 없다.
뉴스에도 없다.
그들은 이름이 없고,
성공도 없고,
반짝이지도 않는다.

그러나 무너지지 않고 살아내는 순간마다 조용한 별빛을 만들어낸다.

7. 그리고 나는 선언한다.

이 책을 읽고 있는 당신,
지금 울고 있는 당신,
오늘도 일어난 당신,

당신이 바로 지금 여기를 구성하는 살아 있는 별이다.

기술과 인간 – 별의 정체성을 묻다

1. 기술은 빠르다. 그러나 인간은 느린 존재다.

챗봇은 공감을 흉내 내고,
AI는 시를 쓴다.
스마트폰은 감정을 계산하고,
알고리즘은 우리의 우선순위를 결정한다.

그러나 우리는 아직도,
슬픔을 표현하는 가장 좋은 말은 '그냥, 너무 힘들다…'는 말이다.

**2. 기술은 정답을 준다.
그러나 삶은 질문으로 이루어져 있다.**

AI는 "무엇을 해야 하냐"엔 정확하다.
하지만 "왜 살아야 하냐"는 질문엔 끝내 아무것도 말하지 못한다.

스타사피엔스는 정답보다 질문의 궤도를 따라 걷는 사람이다.

3. 건축가는 말한다.
"공간은 기술이 아니라 사람을 담아야 한다."

스마트홈. 자율주행. IoT 기반 도시 우리는 편리함을 설계하지만, 동시에 관계를 잃어가고 있다.

"조명이 자동으로 켜지는 대신, 누군가가 '잘 다녀왔어'라고 말해줄 수는 없는 걸까?"

공간은 기술이 아니라 사람의 온기를 설계해야 한다.

4. 전문가들은 묻는다.
"기술이 인간을 대체할 수 있을까?"

감정노동의 정교한 대응은 가능한가?
돌봄의 언어는 기계가 대신할 수 있는가?
창의성은 패턴 학습으로 복제되는가?
답은,
가능해 보여도, 충분하지 않다.

기술이 아무리 똑똑해도 '사랑해도 될까?'를 먼저 묻는 존재는 사람뿐이다.

5. 기술은 빛나고 있다.
그러나 별은 여전히 사람이다.

테크놀로지가 만들 수 없는 것들,

울음을 참고 건네는 인사,
눈빛만으로 건네는 위로,
기다림, 망설임, 손끝의 떨림,

이 모든 '비효율' 속에 우리는 인간이라는 별로 존재한다.

6. 나는 기술의 시대 속에서 사람으로 빛나기로 했다.

도움을 받되, 존재를 내주지 않고.
기능을 활용하되, 정체성을 잃지 않고.

스타사피엔스는 속도가 아닌 감도로,
효율이 아닌 의미로 빛을 설계하는 사람이다.

미래의 스타사피엔스는 어떻게 살아야 하는가

1. 미래는 속도가 아니라 방향의 문제다.

"앞서 나가야 한다"는 말은 이제 낡은 주문이다.
빠른 사람이 아니라,
제 방향을 아는 사람이 별처럼 오래 살아남는다.

2. 자기 궤도를 설계하는 별

누구를 위한 삶인가?
어떤 언어로 말하고 있는가?
언제 가장 나다워지는가?

미래의 스타사피엔스는 자신만의 속도와 중심을 잃지 않는 사람이다.

그는 비교하지 않고,
조용히 자신만의 궤도를 완성해간다.

3. 관계의 방식도 다시 설계된다.

과거는 소속의 시대였고,
지금은 연결의 시대이며,

미래는 '느슨한 연대의 별자리'가 중심이 된다.

의무보다 선택,
수직보다 수평,
물리적 결합보다 정서적 공감.

우리는 함께 있으면서도,
각자의 별로 살아갈 수 있는 구조를 만든다.

4. 사회 시스템도 '별을 위한 도시'가 되어야 한다.

외롭지 않도록 설계된 골목.
실패해도 돌아올 수 있는 조직 구조.
돌봄이 배제되지 않는 기술.
청년에게 기회를 주는 정책.

미래는 거창한 혁신보다 사람의 감정이 안전하게 놓일 수 있는 느린 도시, 따뜻한 시스템으로 설계되어야 한다.

5. 교육은 '성공하는 법'이 아니라 '살아가는 법'을 가르쳐야 한다.

정답을 맞히는 아이보다 자신의 언어로 질문하는 아이가 미래의 별이다.

지금 우리에게 필요한 건 어른의 척도가 아닌 아이의 감각으로 세상을 바라보는 법이다.

6. 리더십은 권위가 아닌 궤도 설계자의 역할

미래의 리더는
지시하지 않고,
이끌지 않고,
자기 궤도를 보이는 사람이다.

그의 존재가 곧 사람들의 기준이 되는 조용한 별.

7. 나는 묻는다 – 어떻게 살아야 하는가가 아니라, 어떤 궤도를 남길 것인가

내가 지나간 자리에 무엇이 남을까?
말의 향기,
시간의 흔적,
감정의 잔여,

그것들이 미래의 스타사피엔스가 설계해야 할 궤도다.

우리는 시간을 넘는 별자리를 만든다

1. 별은 단독으로는 하늘이 되지 못한다.

혼자 빛나는 건 가능하지만,
서로의 궤도가 연결될 때,
비로소 그것은 '별자리'가 된다.

과거의 별,
지금 여기의 별,
그리고 아직 떠오르지 않은 별,
그 궤도들이 교차하며,
우리는 시간을 통과한다.

2. 유산이란 눈에 보이지 않는 정신의 잔여물이다.

우리는 유관순의 눈빛을 보지 못했고,
윤동주의 목소리를 듣지 못했지만,
그들의 '정신'은 지금 우리의 말투와 행동에 녹아 있다.

기억은 물려받을 수 없지만,
정신은 배어든다.

3. 나는 나의 시간을 살고 있지만, 누군가의 궤도를 따라 걷고 있다.

어머니의 희생
선생님의 한마디
이름 없는 이의 침묵

이 모든 것들이 지금의 나를 만든 궤도다.

나는 처음 떠오른 별이 아니라, 연결된 별자리의 일부다.

4. 우리가 남겨야 할 것은 빛이 아니라 방향이다.

성공, 명성, 수치가 아니라 "그 사람처럼 살고 싶다"는 말.

그 말이 우리가 남길 수 있는 가장 깊은 별빛이다.

5. 과거의 별을 존경하고, 지금의 별을 안아주고, 미래의 별을 응원해야 한다.

세대는 단절이 아니라 '시간의 별자리'다.

할머니의 손,
아버지의 선택,
아이의 울음,

그 모두가 한 하늘 아래 빛나고 있다.

6. 나는 선언한다.

우리는 역사와 감정, 실천과 반복을 통해 서로의 궤도에 닿는다.

그리고 그 연결이 '별자리'라는 새로운 우주를 만든다.

7. 우리는 시간을 넘는 별자리를 만든다.

과거에서 배운다.
현재를 산다.
미래를 설계한다.

그리고 끝내 누군가의 어둠 속에서 빛이 되어준다.

《별은 세대를 건넌다》

어머니가 키운 작은 정원
아버지가 물든 낡은 손때
할머니가 묶은 머리끈,
할아버지가 닦은 유리창
그 모든 일상이
나를 길러냈다
별은
단지 그 순간을 비추는 것이 아니라
다음 세대로 이어지는 궤도를 남긴다
나는 기억 속 별빛을 따라
내 궤도를 그리고
다시 누군가를 비출 준비를 한다
그 별은 사라지지 않았다
그저
나를 통해
다시 떠오르고 있다

《아직 이름 붙지 않은 별에게》

너는 아직
누군가에게 불려본 적 없지만
나는 네가 별이라는 걸 안다
직업도, 타이틀도
자기소개서 한 줄 적기도 버거운 그날들
그럼에도
너는 버텼고, 일어났고,
스스로를 무너지지 않게 지켜냈다
그것이면
별이 되기엔 충분하다
이름이 없다고
존재가 없는 것은 아니다
별은
누군가의 시선에 의해 만들어지는 게 아니라
스스로의 무게로 빛나는 것이다
나는 오늘도
네가 이 세상에 존재함을
시로 불러낸다
너는 이미
나의 하늘에 떠 있는 별이다
당신이라는 가능성에 대하여

7장

아직 이름 붙이지 못한 별들에게

포스트모던 시대, 존재와 가능성을 품은 문학적 사유

아직 이름 붙이지 못한 별들에게

1. 정해지지 않았다는 건, 끝나지 않았다는 뜻이다.

"무엇이 되고 싶어요?"
그 질문 앞에서 대답하지 못한 날이 많았다.

나는 하고 싶은 것도 모르겠고,
되고 싶은 것도 명확하지 않았고,
가고 싶은 길은 너무 많거나,
하나도 없었다.

그러나 지금은 안다.
'정해지지 않음'은 정체가 아니라 가능성의 한 방식이었다는 것.

2. 불확실성은 낙오가 아니라 정직이다.

너무 많은 선택지 앞에서 잠시 멈춘 사람,
다른 길을 돌고 있는 사람에게 세상은 '늦었다'고 말했지만,

그들은 단지 자신의 궤도를 조용히 조율 중인 존재였다.

3. 우리는 늘 결정된 존재로만 살아오려 했다.

대학 입시 전 진로를 확정해야 했고,
자소서에는 구체적 꿈을 적어야 했고,
누군가의 질문에는 "준비 중입니다"라고 말해야 했다.

그러나 그 모든 말 뒤엔 "나도 아직 잘 모르겠어요."라는 말이 숨어 있었다.

4. '아직'이라는 말이 우리를 살린다.

"아직 실패한 건 아니야."
"아직 시작도 안 했어."
"아직 나는 가능성이야."
아직이라는 말에는 무너지지 않겠다는 은근한 다짐이 깃들어 있다.

5. 전문가들은 말한다.

정체성은 단선적이지 않다.

사회학자 지그문트 바우만은,
"현대인은 고정된 자아가 아닌, '유동적 정체성'을 가지고 있다"고 말했다.

너는 하나의 이름으로 정의될 수 없다.
그건 불안이 아니라 자유다.

6. 나는 나의 가능성을 선택하기로 했다.

정답이 없다는 것을 받아들이고,
누구처럼 되지 않아도 괜찮다고 믿으며,
나만의 리듬과 문장으로 나를 설명하기로 했다.

그 설명이 완전하지 않아도 그건 지금 이 순간의 나이기 때문에 충분하다.

7. 나는 아직도 별이 되는 중이다.

별은 탄생 직후부터 빛나는 게 아니다.
가스와 먼지가 모여 서서히,
아주 오랜 시간 빛을 품기 시작한다.

나는 아직 이름 붙이지 못했지만,
나는 지금도 별이 되는 중이다.

통계에 포함되지 못한 삶의 궤도들

1. 숫자에 담기지 않은 이름들이 있다.

보고서는 말한다.
"실업률은 6.2%입니다."
"청년고용률은 45.7%입니다."
그러나 그 수치 속엔 오늘도 이력서 앞에서 주저앉은 청년의 떨리는 손끝은 포함되어 있지 않다.

통계는 경향을 말하지만,
사람은 단 하나의 궤도로 존재한다.

2. 비정규직, 프리랜서, 플랫폼 노동자

그들은 일하고 있다.
그러나 보험은 없다.
퇴직금도 없고, 연차도 없고,
누구의 명함에도 그들의 이름은 없다.

그러나 그들은 매일,
도시의 기능을 유지하는
숨은 별들이다.

3. 경력단절 여성 - 사라진 존재의 이면 -

출산 후,
이력서에 3년의 공백이 생겼고,
면접에서 "요즘 뭐 하셨죠?"라는 질문을 받았다.

그녀는 대답한다.
"살아 있었습니다.
아이를 키우고,
삶을 견디고,
하루를 무너지지 않게 만들었습니다."

그것은 경력이 아니라,
가장 위대한 궤적이었다.

4. 탈시설 장애인, 돌봄노동자, 이주노동자

삶을 이루는 가장 조용한 축들은 가장 쉽게 보이지 않게 된다.
그들은 도시에서,
조직에서,
기록에서 누락되지만,

그들의 존재가 없으면 사회는 빛을 잃는다.

5. 전문가들은 말한다. '데이터로는 완전한 인간을 이해할 수 없다.'

사회복지학자 윤홍식 교수는 말한다.
"사회정책은 평균을 위한 것이 아니라, 가장 작은 단위의 고통에 반응해야 한다."

스타사피엔스는 잊힌 존재에게 먼저 반응하는 사람이다.

6. 당신이 보이지 않는다면, 그건 당신이 사라진 게 아니라 시선이 당신을 지나쳤기 때문이다.

당신은 있다.
숫자에 포함되지 않아도,
차트에 잡히지 않아도,
보고서에서 제외돼도—

당신은 지금,
누군가의 삶을 이어주는 별이다.

7. 그리고 나는, 지금 이 글을 쓰는 이 순간에도 보이지 않는 누군가를 생각하고 있다.

그 사람은 지금 울고 있을지도,
혹은 웃고 있을지도,
아니면 그냥 버티고 있을지도 모른다.

그에게 나는 말한다.
당신은 지금도 궤도를 그리고 있다.

불완전한 존재들의 아름다움

1. 우리는 언제부터 '완성되어야만 빛날 수 있다.'고 믿게 되었을까?

자격증을 따야 하고,
스펙을 쌓아야 하고,
무언가가 되어야만 빛날 수 있다고 배웠다.

하지만 나는 안다.
가장 깊은 빛은 아직 미완인 궤도에서부터 나온다는 것을.

2. 실패한 줄 알았던 사람이 가장 단단한 빛을 만들었다.

그는 세 번의 창업에 실패했고,
그녀는 시험을 일곱 번 떨어졌고,
어떤 이는 연애와 인간관계 모두에서 무너졌다고 느꼈다.

그러나 그 무너짐 속에서 자신을 다시 조립한 그들은 새로운 별이 되었다.

3. 건축가의 시선 - 완전하지 않은 구조물이 아름다운 이유 -

건축가들은 말한다.
완전한 대칭은 오히려 불안하다.

오차 3mm, 틈 1cm, 그 미묘한 불완전함이 사람에게 안정감을 준다.

집도 그렇고,
사람도 그렇다.

균형은 완벽함이 아니라 불완전함의 조화에서 온다.

4. 심리학자의 말

우리는 '회복된 상처'로 서로를 감동시킨다.

결점 없는 사람은 신뢰를 주지 못한다.
오히려 넘어졌지만 다시 일어난 사람에게 사람들은 마음을 연다.

회복된 상처는 가장 인간적인 별빛이다.

5. 나는 완전하지 않다.

그래서 더욱 살아 있는 것이다.

나는 때때로,
불안하고,
질투하고,
게으르고,
의심하며 흔들린다.

그러나 그 감정들 덕분에,
나는 타인을 이해할 수 있었고,
사람의 마음에 닿을 수 있었다.

6. 별은 흔들린다.

그리고 흔들림 속에서 빛난다.
천문학적으로 모든 별은 미세하게 떨리고 있다.
그 떨림이 그 빛을 생성한다.

그러니 내가 흔들리고 있다는 건 빛나고 있다는 증거다.

7. 나는 내 결핍과 모자람을 이제는 품기로 했다.

나는 아직 완성되지 않았다.
그게 나의 한계가 아니라 나의 가능성이다.

나는 지금도,
천천히,
조금씩,
별이 되어가고 있다.

질문으로 사는 사람들

1. 우리는 언제부터 '대답'을 강요 받았을까?

"장래희망은?"
"목표는 뭐예요?"
"왜 그렇게 살아?"
"그 선택, 확실해?"

모두가 대답을 요구했고,
나는 답해야 사랑받을 수 있을 것 같았다.

그러나 이제는 안다.
살아 있다는 건 완전한 답을 갖는 게 아니라 질문을 놓지 않는 것이다.

2. 질문은 불안하지만, 동시에 살아 있음의 증거다.

"나는 누구인가?"
"내가 하는 이 일이 정말 맞는가?"
"지금의 삶은 내 삶인가?"
"나는 괜찮은 사람일까?"

이 질문들은 고통스럽지만 그 안에는 존재를 놓지 않겠다는 끈질긴 의지가 담겨 있다.

3. 포스트모더니즘은 말한다.
인간은 '불확실성 속의 항해자'다.

진리는 단 하나가 아니라 경험의 층위만큼 다양하다.

철학자 리오타르는 "거대서사를 해체하라"고 말했다.
즉, 모든 삶은 자기만의 서사와 해석이 가능하다는 것이다.

스타사피엔스는 자기만의 질문을 품고 자기만의 궤도를 설계하는 존재다.

4. 정답은 멀어진다.
그러나 궤도는 선명해진다.

인생에는 매뉴얼이 없다.
예측도 없다.
우리는 불완전한 질문 속에서 불안정한 확신을 붙들고 걷는다.

그 흔들림 속에서 별빛이 만들어진다.

5. 조직도, 리더도, 이제는 답을 주지 않는다.

좋은 리더란 '정답을 말하는 사람'이 아니라,
질문을 함께 버텨주는 사람이다.

"당신은 어떻게 생각하세요?"
"무엇이 당신을 움직이나요?"

"우리가 놓친 건 없을까요?"

이런 말이 있는 조직은 사람이 오래 머문다.

6. 나는 더 이상 명확해지려 하지 않는다.

나는 이제 모호함을 안고 살기로 했다.
모든 것을 설명하려 하지 않고,
내 감정을 미리 해석하지 않고,
그저 묻는다.

"지금 나는 어떤 빛을 품고 있는가?"

7. 질문하는 사람은, 이미 별이 되었다.

밤하늘의 별은 빛나기 전에 먼지와 가스를 끌어안고 흔들린다.

질문은 그 별이 태어나기 직전의 진동이다.
우리는 지금도 질문하고 있으니 이미 별이 된 것이다.

잊힌 이름, 사라진 직업들 속의 별빛

1. 이름은 잊혔다. 하지만 존재는 사라지지 않았다.

세탁기 이전의 빨래터엔 어머니들이 있었고,
타자기 소리 가득했던 사무실엔 여성 타자수들이 있었다.

지금은 사라진 그 직업들 안에도 빛나는 궤도가 있었다.

2. 직업이 사라졌다고, 그 가치까지 사라진 건 아니다.

전화교환원은 사람과 사람을 연결했고,
우편배달부는 소식을 손에 담아 전했다.
마을기록가는 평범한 이웃의 생을 글로 남겼다.

그들의 노동은 사라졌지만,
그들이 만든 감정의 궤적은 지금도 우리 삶 안에 남아 있다.

3. 기술은 일을 대체했지만, 마음은 대체하지 못했다.

은행 창구의 친절,
택배 기사님의 손글씨,
도서관 사서의 조용한 책 추천…

이 모든 건 기계로 처리할 수 없는 온기의 기록이다.

우리는 빠른 것에 익숙해졌지만,
사람의 '느림' 속에 깃든 감정을 여전히 그리워하고 있다.

4. 사회학자들은 말한다.
'일의 의미는 기능보다 관계에 있다.'

독일의 울리히 벡은,
"직업은 단순한 생계수단이 아니라 사회적 관계망의 일부"라 했다.

잊힌 직업들은 '존재의 언어'로 세상과 연결되어 있었다.

그 언어를 읽는 사람만이 진짜 사회를 설계할 수 있다.

5. 당신의 직업이 사라진다고 해도, 당신의 별빛은 사라지지 않는다.

직무는 바뀔 수 있다.
기술은 더 똑똑해질 것이다.
그러나 당신이 일하면서 누군가에게 건넨 위로, 당신이 남긴 배려와 책임은 영원히 궤도로 남는다.

6. 나는 사라진 직업들 속에서 지금도 살아 있는 별을 본다.

가방 안의 손편지,

이메일 대신 전화를 거는 습관,
사라진 안내방송 속 목소리…

그 모든 것들이 누군가의 시간이었고, 세상을 빛낸 방식이었다.

7. 당신도 언젠가 '사라진' 무언가로 남겠지만, 그 별빛만은 기억될 것이다.

우리는 다들 이름도, 직함도 언젠가는 잊힌다.

그러나 당신의 손길, 목소리, 일상의 자세는 어딘가에서 누군가의 길을 아직도 비추고 있을 것이다.

이제 막 시작된 생의 무늬를 응원하며

1. 모든 별은 어딘가에서 막 태어나는 중이다.

태어나는 순간 빛나는 별은 없다.
먼지와 혼돈이 수백만 년을 겪어야 비로소 빛이 만들어진다.

우리도 마찬가지다.
지금 막 시작한 사람,
방향을 아직 정하지 못한 존재 그들도 이미 '별이 되는 과정'에 있다.

2. 삶의 궤도는 설명되지 않아도 계속 그려진다.

누군가는
오늘 처음 면접을 봤고,
누군가는
오늘 처음 글을 썼고,
누군가는
오늘 겨우 일어났다.

그 모든 '처음'은 빛난다.
그 누구보다 조용하고, 진하게.

3. 별빛은 순간의 성과가 아니라 축적된 존중으로 만들어진다.

자신을 무시하지 않은 용기,
실수를 포기하지 않은 태도,
느리지만 정직한 걸음,
그 모든 감정이 궤도가 되고,
별이 된다.

4. 나는 당신에게 말하고 싶다.

지금 이 문장을 읽고 있는 당신,
아직도 나를 잘 모르겠다고 느끼는 당신,
한 번도 칭찬받지 못했지만,
자기 자리를 지키고 있는 당신,

당신이 바로 '아직 이름 붙이지 못한 별'이다.

5. 당신이 있는 그 자리에서 빛나기 시작할 것이다.

당신이 오늘 해낸 모든 사소한 일들은 내일 누군가에게 길이 될 것이다.

당신의 궤도는 지금 작고 어둡지만 곧, 누군가의 하늘에 선명히 떠오를 것이다.

6. 그리고 우리는 알고 있다.
별은 멀리 있지 않다는 걸.

우리는 이 책이 '특별한 사람들의 이야기'가 아니었다는 걸 깨닫게 된다.

이건 우리 모두의 이야기였다.
아직 이름 붙지 않은,
그러나 분명히 존재하는 당신이라는 별에 대한 이야기.

7. 그러니 이 문장을 덮기 전에 자신에게 마지막으로 말해보자.

나는 지금도 빛나고 있다.

《가능성이라는 궤도》

정해지지 않은 길
그건 멈춤이 아니라
가능성이다
너는 모른다고 했지만
그 모름 속에는
수천 개의 방향이 숨어 있었다
누구처럼 살지 않아도 괜찮다
어디에 닿지 않아도 좋다
네가 지금
"나는 아직..."이라고 말할 수 있다면
그건 궤도가 계속되고 있다는 증거
가능성은
말이 되기 전의 떨림
이름 붙기 전의 떨림
그러니까 별의 심장이 맨 처음 내는 소리
나는 그 소리를
오늘 너에게서 들었다

《별은 멀리 있지 않다》

우리는 늘
별은 하늘에 있다고 믿었다
너무 멀고,
너무 크고,
닿을 수 없는 어딘가에 있다고
하지만 이젠 안다
별은
당신의 눈동자 속에 있고
나의 손끝에 머물며
우리 사이의 말 없는 미소 안에 있다
지금 여기,
이 자리에서
당신이 궤도를 지키고 있다면
당신은 이미
누군가의 밤하늘을 지나는
하나의 별이다

에필로그

우리 모두 별이었음을 기억하며

*삶과 사람, 정치와 기억,
그리고 다음 이야기를 향해 나아가는 별빛 회고록*

별은 어디에 있었는가

1. 우리는 늘 별을 멀리서 찾았다.

하늘 위,
무대 위,
세상의 중심에서.

그러나 나는 깨달았다.
별은 그곳에 없었다.
별은 내 책상 위,
지친 눈동자 아래,
익숙한 목소리의 온기 속에 있었다.

2. 이 책을 쓰며 나는 '당신'을 만났다.

당신은 얼굴 없는 독자였고,
말 없는 동행자였으며,
가끔은 나보다 먼저 이 문장을 떠올린 사람 같았다.

이 글을 읽고 있는 당신,
그 자체가 나의 마지막 문장이다.

3. 나는 이 책의 작가가 아니다.

나는 기록자였다.

나는 특별한 이야기를 창조한 것이 아니라,
이미 빛나고 있었던 사람들을 조용히 옮겼을 뿐이다.

그래서 이 문장은 나의 것이 아니라 당신의 것이기도 하다.

4. 삶은 예측이 아니고, 설계도 아니고, 문장이다.

삶은 고르지 못한 문장,
뒤엉킨 시제,
누락된 주어와 목적어로 이루어져 있다.

그럼에도 불구하고 그 문장은 하나의 이야기가 되었다.
별이 되었다.

5. 나는 오늘도 누군가의 문장을 읽는다.

그는 고개를 숙여 컵라면을 먹었고,
그녀는 눈을 감고 오래 숨을 참았다.

이 세상에는 아직 기록되지 않은 별이 너무 많다.

나는 이 책이 그들의 등 뒤에 조용히 붙은 작은 반사판이 되었으면 했다.

6. 별은 설명되지 않아야 아름답다.

이 책은 누군가에게,
너무 느렸고,
너무 감정적이었고,
너무 쓸쓸했을지 모른다.
하지만,
별이란 원래,
모든 이에게 같은 빛으로 다가가지 않는다.

그 빛을 본 사람만,
그 의미를 간직한다.

7. 당신이 이 문장을 읽고 있다면 당신은 이미 하나의 별이다.

나는 그것을 믿는다.
이 문장을 쓰기 전에,
이 책을 기획하기 전에,
이별을 하고,
무너지고,
다시 일어서기 전부터,
당신은 빛나고 있었다.

기억의 은하수 위에서

1. 시간은 직선이 아니었다.

어떤 기억은 과거로 흘러가지 않았다.
어떤 감정은 내일보다 먼저 왔고,
어떤 얼굴은 아직도 지금 이 순간을 살고 있다.

나는 깨달았다.
기억은 우주처럼 병렬적이다.

2. 나는 그날을 걷고 있다.

처음 글을 쓰던 날,
고요한 카페에서 혼자 울던 날,
당신의 "좋아, 해줘"라는 말에 웃던 순간,

그 모든 순간이,
지금 이 문장 위에 겹쳐져 있다.

나는 하나의 별이 아니라,
기억의 성운이었다.

3. 우리는 서로 스치며 궤도를 남긴다.

그는 내게 말을 걸지 않았다.
그녀는 내 이름을 몰랐다.
하지만 우리는 한 계절을 함께 통과했고,
같은 거리를 걷고 있었으며,
비슷한 외로움을 품었다.

그래서 우리는 같은 별자리 안에 있었다.

4. 별은 홀로 떠 있지만, 항상 누군가의 곁이다.

나는 나 혼자 빛나야 한다고 생각했다.
그러나 나는 알게 되었다.

내가 누군가에게 닿고 있다는 걸 나는 가장 어두운 날에 알게 되었다.

5. 기억은 미래로 흐른다.

이 책을 다 읽은 지금,
당신은 아마 마지막 장을 덮겠지.
그러나 이 문장은 당신의 오늘 이후에도 조용히 머무를 것이다.

불쑥 떠오를지도 모른다.
지하철 안에서,
문득 마주한 창밖에서,

낯선 골목을 지날 때.

기억은 흐르지 않고 떠 있다.
당신 안에,
어딘가에.

6. 그래서 나는 이름을 남기지 않고 별자리를 남기기로 했다.

이 책은 작가의 이름으로 기억되지 않기를 바란다.
대신,
"내가 별이었구나"
"누군가도 별이었구나"
그 감정 하나만 남으면 좋겠다.

우리는 서로의 별이었다

1. 너는 나에게 어떤 별이었는가?

대답하지 않아도 괜찮다.
나는 기억하니까.
네가 나를 바라봐 준 순간,
묻지 않고 들어준 날,
먼저 걸어가면서도,
가끔 뒤돌아봐 준 그 한 번의 시선.

그게 너의 빛이었다.

2. 나는 많은 사람을 놓쳤지만 단 한 사람은 기억한다.

모든 관계가 남지 않았다.
어떤 인연은 아팠고,
어떤 만남은 스쳐갔다.

하지만
누군가가 내게 조용히
"괜찮아"라고 말해준 순간은
내 삶의 방향을 바꿨다.

그 사람은 나를 모를 수도 있지만
나는 그의 별빛 아래 있었다.

3. 빛은 설명되지 않는다.
그러나 남는다.

별이 왜 빛나는지,
어떤 원리로 빛이 도달하는지,
우리는 잘 모른다.

하지만 그 빛이,
한밤의 길을 밝혔다는 사실은 알고 있다.
그리고 그것이면 충분하다.

4. 나는 누군가의 밤을 통과하며 작은 빛이 되고 싶었다.

거창한 성공이 아니라,
조용한 위로로,
정확한 답변이 아니라,
함께 머물러주는 온기로.

당신의 길 한구석에서,
한 번이라도,
불을 밝힌 적이 있다면,
나는 별이었다.

5. 우리는 서로를 비춘 사람들이다.

이 책을 읽는 당신,
이 문장을 지나온 나,
우리는 동시에,
서로를 비춘 별이었다.

그 빛이 얼마나 오래 머물렀는지보다,
그 순간 우리가,
서로를 '인식했다'는 그 사실 하나가,
모든 것이다.

6. 그리고 이제 나는 고백한다.

이 책은 당신을 위해 쓴 것이 아니라,
당신으로 인해 쓰인 것이다.

당신이 없었다면,
나는 이 문장을,
쓰지 않았을 것이다.

당신이라는 별이 있었기에,
이 우주는 만들어졌다.

당신은 지금도 누군가의 어둠 속에서 빛나고 있다.
그러니, 스스로를 잊지 마라.
자신을 작게 여기지 마라.

당신이 사라지면,
어둠 속에서 방향을 잃는 누군가가 생긴다.

별은 멀리 있지 않다

별을 잃은 정치를 다시 바라보며 그리고 우리는 정치에게 묻는다.

정치는 원래 별을 따라가는 일이었다.
높은 자리에서 사람들의 길을 밝혀주는 묵직한 사명이었다.

그러나 지금,
정치는 별이 되겠다는 욕망에 사로잡혀 하늘을 가리고 있다.

우리는 이념의 전장에서, 같은 하늘을 잃어버렸다.

좌와 우, 진보와 보수,
기득권과 젊은 세대,
서울과 지방,
모두가 나뉘고,
서로를 듣지 않는다.

586의 기억은 시대를 선도하지 못하고,
청년은 지금도 현실에 눌려 목소리를 잃고 있다.

정치는 말만 무성해지고,
책임은 사라졌다.
선거는 감정을 소비시키는 이벤트가 되었고,
대화는 이제 증오의 다른 이름이 되었다.

이제 정치인에게 말한다.

경청하라.

책임져라.

권력보다 궤도를 설계하라.

청년에게는 거창한 말이 아니라
한 줄의 가능성을 내어주라.

정치를 바꾸는 건 정치인들이 아니라,
오늘도 조용히 살아내는 스타사피엔스들이다.

이 책은 그들에게 보내는 하나의 빛이자, 하늘을 되찾기 위한 선언이다.

이제,
당신 차례다.

이 책의 마지막 장을 덮고
당신의 첫 페이지를 펼쳐라.
누군가의 별이 아닌,
당신 자신의 별이 되어 살아가라.

기억하자.
별은… 당신이다.

이 책은 끝이 아니다

**1. 책은 한 권의 우주다.
그러나 그 우주는 닫히지 않는다.**

당신이 마지막 페이지를 넘기려는 이 순간,
사실 나는 첫 문장을 다시 쓰고 있다.

이 책은 끝나지 않았다.
이야기는 반복되고,
감정은 새로 덧칠되고,
별들은 다시 떠오른다.

2. 이 책은 완결된 구조를 갖지 않는다.

이야기 속에 이야기,
문장 사이에 침묵,
당신의 해석으로만 완성되는 열린 구조.

스타사피엔스는 정답을 말하지 않았다.
그저
별을 보라고,
당신을 보라고,
건네었을 뿐이다.

3. 당신이 이 문장을 덮는 순간, 당신의 첫 문장이 시작된다.

이 책을 읽고 느낀 감정,
지나친 구절,
밑줄 그은 단어,
눈물 맺힌 여백.

그 모든 것이 당신 안에서 다시 쓰일 것이다.

그리고 그 문장은 당신의 별빛이 된다.

4. 나는 더 이상 말하지 않기로 했다.

이제부터는 당신의 시간이니까.
당신이 이 책을 덮고 나가 누군가를 바라보고,
누군가를 비추고,
누군가를 안아줄 시간.

별은 설명되는 순간 그 빛을 잃는다.

5. 그러니 마지막 문장은 없다.

나는 이 페이지에 마침표를 찍지 않기로 했다.
대신 작은 숨을 남긴다.

(   ) 이 여백은 당신이 채워줄 차례다.

6. 그리고 나는 마지막으로 속삭인다.

당신은 이미, 누군가의 어둠 속에서 길을 밝혀주는 별이었다.

이 문장을 기억하자.

별은…
멀리 있지 않다.
별은,
당신이다.

《당신의 첫 페이지》

이 책은 끝났지만
당신의 이야기는
지금 막 시작되었다
당신이 살아온 하루하루가
누군가에겐
용기의 조각이었다는 걸
그 조각들이 모이면
별자리가 되고
그 별자리는 또 누군가의 방향이 된다
그러니,
책을 덮고
당신의 첫 페이지를 펼쳐라
별처럼 살아가라
누구도 아닌
당신 자신의 빛으로